Sonja Raab · Die Wenderin

Sonja Raab

DIE WENDERIN

Eine schamanische Reise
vom Ybbstal nach Kanada
und retour

ENNSTHALER VERLAG STEYR

Autor, Verlag, Berater, Vertreiber, Händler und alle anderen Personen, die mit diesem Buch in Zusammenhang stehen, übernehmen keine Haftung für eventuelle Folgen, die direkt oder indirekt aus den in diesem Buch gegebenen Informationen resultieren oder resultieren sollten. Es wird darauf hingewiesen, dass alle Angaben trotz sorgfältiger Bearbeitung ohne Gewähr erfolgen und eine Haftung des Verlages ausgeschlossen ist.

Für das Kapitel 8 – »Das Wenden aus kulturanthropologischer Sicht« – hat Frau Katrin Roseneder Teile ihrer Diplomarbeit (WenderInnen als »SchamanInnen Österreichs«?, Wien 2010) zur Verfügung gestellt.

www.ennsthaler.at

1. Auflage 2013

ISBN 978-3-85068-917-5

Sonja Raab · Die Wenderin
Alle Rechte vorbehalten
Copyright © 2013 by Ennsthaler Verlag, Steyr
Ennsthaler Gesellschaft m.b.H. & Co KG, 4400 Steyr, Österreich
Satz & Umschlagestaltung: Thomas Traxl, Steyr
Umschlagmotiv & Fotos: Sonja Raab
Druck und Bindung: Finidr, Cesky Tesin

Inhalt

Vorwort

Du kannst die Natur nicht mögen oder hassen. Du kannst nicht »raus gehen« in die Natur oder »rein kommen« aus der Natur. Du kannst dich nicht mit der Natur verbinden oder von ihr lösen. Du BIST Natur. Durch und durch. Du bist innen drin Natur, außen umgeben von Natur, Teil davon, Bestandteil aus dem selben Material wie alles um dich herum. Wenn du das begriffen hast, dann wirst du auch wissen, dass du dich nicht entfernen kannst von der Natur. Du kannst dich in einen kahlen betonierten Raum setzen und bist trotzdem Natur und du bist auch umgeben von Natur, denn alles um dich herum, egal ob aus Metall, Plastik, Erde oder Papier, kommt aus der Natur, wurde aus Natur gemacht, wurde aus der Natur geboren. Und alles was aus der Natur geboren wurde trägt Liebe in sich denn ohne Liebe wäre NICHTS. Wenn die Liebe nicht da gewesen wäre, die nötig ist um etwas Großartiges zu schöpfen, dann gäbe es keine Natur. Dann gäbe es auch dich nicht. Und es gäbe keine Wolken, keine Tiere, keine Steine und Pflanzen, kein Zusammenwirken von verschiedenen Elementen innerhalb dieser Konstruktion, kein Ergänzen und Vereinen. Ohne Liebe entsteht nichts. Und da muss Begeisterung sein. Denn Begeisterung, das heißt, dass etwas voller Geist ist. Voller Seele. Und ohne Begeisterung kann nichts Wundervolles entstehen. Nichts, das voller Wunder ist. Be-geistern, das bedeutet, dass man etwas mit Geist füllt. Wenn also alles was ist, gefüllt ist mit Liebe, voller Geist und voller Wunder, dann verbindet das die Dinge. Die Bäume mit den

Menschen, die Tiere mit den Pflanzen, die Steine mit den Sternen und so weiter. Alles ist dann aus den selben Grundmaterialien entstanden, geschaffen, hervorgebracht worden. Alles ist verbunden und ist durch und durch Natur. Wenn wir aber nun alle verbunden sind und durch und durch Natur sind, voller Liebe und voller Wunder und voller Begeisterung ... Dann braucht der Berg das Tal, um Berg sein zu können und das Tal braucht den Berg, um Tal sein zu können. Wir bedingen einander, das Eine wäre ohne das Andere nicht möglich. Und es gäbe kein DU und ICH mehr, sondern es wäre ein WIR aus ganzem Herzen. Nicht weil wir MÜSSEN, sondern weil es ganz einfach so IST. Weil das WIR der Grundstein ist für das HEILIGE. Es gäbe dann nicht einen Gott der im Himmel sitzt und lenkt und bestimmt, und wir wären nicht die kleinen Menschen, die tun was er sagt und sonst in der Hölle landen. Sondern wir selbst wären heilig. Göttlich. Wir wären die Wahrheit und wir wären das heilige Kind zwischen Vater Himmel und Mutter Erde. Wenn das nun so ist, wie kann es dann Kriege geben und Hass, Falschheit und Verbohrtheit, Verlogenheit und Neid und Machtgier und Entsetzen? Es kommt daher, weil der Mensch seine Natur vergessen hat. Der Mensch hat sich plötzlich für die Krone der Schöpfung gehalten und hat gemeint, er könne seiner Natur entkommen und etwas noch viel Großartigeres werden, als all das, was ihn umgibt. Und da hat sich der Mensch geirrt. Denn es gibt nichts Großartigeres als Liebe und Begeisterung, Natur und Wunder. Es gibt nichts Großartigeres, als selbst die Mitte zu sein, umgeben von der Mutter die wiederum vom Vater umgeben ist. Beschützt und Geborgen in einer Vielfalt, die voller Herz und Geist und Heiligkeit und Leben und Wunder ist.

Der Mensch darf also lernen, seine Natur wieder zu sehen, zu spüren, wahrzunehmen. Er IST Natur. Durch und durch. Der Mensch hat seine Natur verdrängt und vergessen, ausgeschaltet, er will es nicht sehen, weil er selbst mächtig sein, lenken und steuern will und sein Schicksal bestimmen will. Er will sich nicht vorschreiben lassen von Ebbe und Flut, Mondstand oder Tag-Nacht-Rhythmus, Pflanzen oder Steinen, Sternen oder Wasser. Darum hat er die Natur zu seinem Feind gemacht, den er besiegen muss. Berge werden nicht mehr erwandert, sondern bezwungen. Gegen den Regen gibt es Schirme, gegen die Sonne eine Brille. Der Mensch meint, die Natur würde ihn mit Naturkatastrophen bekämpfen. Sogar Hurrikans bekommen einen menschlichen Namen. Sie heißen Sandy oder Katharina. Das gibt der bösen Natur einen menschlichen Namen und fortan wird jede Erdbewegung als feindlicher Angriff gewertet, der bekämpft werden muss. Flüsse müssen begradigt werden, Muren werden durch den Bau von Mauern aufgehalten, Lawinenschutz gegen den Schnee usw. Wir wollen unabhängig sein von der Natur und dabei stolpern wir über unsere eigenen Beine. Weil wir ja selbst ein Teil davon sind. Da wird der Mensch dann natürlich wütend und er beginnt um sich zu schlagen. Er sägt dann die Bäume ab die seine Geschwister sind. Er würde auch die Sterne vom Himmel holen, wenn er könnte. Er sprengt die größten Felsen, macht Berge platt und zwängt den Fluss in Bahnen. Aber das genügt ihm nicht und darum zeigt er autoaggressives Verhalten und vernichtet sich selbst. Und dieses Verhalten zeigt sich in vielerlei Formen. Es zeigt sich in Allergien, die der Mensch gegen die Natur (gegen sich selbst) entwickelt hat. Es zeigt sich in Selbsthass, zu wenig Selbstvertrauen, zu wenig Selbstliebe, in Depressionen oder Krankheiten, seelischem Ungleichgewicht und vielen anderen Symptomen. Die einfachste Methode, einen Menschen von solchem selbstzerstörenden Verhalten abzubringen oder die Symptome und die Ursache gleichzeitig zu heilen ist, ihn wieder seine Natur spüren zu lassen. Ihn zurück zu führen in seine Natur, die er zwar immer war, die er aber nicht mehr angenommen/ wahr-genommen hat. Als Heiler hat man also nicht die Aufgabe, den Menschen möglichst viel Geld abzuknöpfen, Macht zu erlangen und dann wie ein Gott oder ein Guru die Menschen von oben herab zu »heilen«, um ihnen zu zeigen wie toll man ist. Sondern man hat die Aufgabe, den Menschen ihre wahre Natur zu zeigen. Und dieser Weg der Heilung ist im Grunde so einfach, dass es beinahe schon lächerlich ist, es zu erklären. Wenn man erst einmal versteht, wie einfach Heilung funktioniert, dann fragt man sich, wieso man jemals Unmengen Geld dafür ausgegeben hat, wieso man lange Leidenswege auf sich genommen hat, wieso so viel Schmerz und Leid notwendig sind, um gesund zu werden. Und ganz besonders verwirrend erscheint dann die Tatsache, dass alles, was zur Heilung notwendig ist, da ist. Jeder Mensch hat alles, was er braucht um heil und gesund zu sein. Der Mensch hat die Erde unter sich und den Himmel über sich und das Herz in sich. Und jeder Mensch trägt selbst die Verantwortung für seine Gesundheit, für sein Heil-Sein, für sein Leben. Das ist eine Chance. Manche empfinden das dann als »Schuld« – sie sagen: »Heißt das also, ich bin selber schuld daran, dass ich krank bin?« Aber es ist keine Schuld. Es ist eine Chance, die Dinge selber in die Hand zu nehmen und vom Opfer zum Jäger zu werden. Wenn man sein eigener Chef ist, dann ist man nicht mehr abhängig von Ärzten, Gurus, Heilern oder anderen. Natürlich sollte man trotzdem nicht zu stolz sein, Hilfe anzunehmen, wenn man Hilfe braucht. Aber man trägt die Verantwortung für seine Handlungen selbst.

In da Perchtnocht
soi koa Wäsch am Lein'l hänga
weil do d'Percht und ihre G'sön ummagengan.

Koa Gluat im Ofn und koa offns Liacht
und friah schlof'n geh damit sie s'Kind net fiacht.

A Schissal Perchtmüch am Kuchltisch steh lossn
und wer in meistn Rahm am Löffi hot,
kann si aufs Glick im neichn Johr valossn!

Oan Tog vor Dreikini ois sche zaummenrama,
de Jack'n auf de Sessln san da Percht a Graus!
Dann san de Percht und ihre Zottawaschln z'friedn,
und gengan wieda z'Haus.

(In der Perchtnacht soll keine Wäsche auf der Leine hängen, weil da die Percht und ihre Gesellen rumgehn. / Keine Glut im Ofen und kein offenes Licht und früh schlafen gehen, damit sich das Kind nicht fürchtet. / Eine Schüssel Perchtmilch am Küchentisch stehen lassen und wer den meisten Rahm auf seinem Löffel hat, kann sich auf das Glück im neuen Jahr verlassen! / Einen Tag vor Dreikönig alles schön aufräumen, die Jacken auf den Sessellehnen sind der Percht ein Graus! / Dann sind die Percht und ihre zotteligen Gesellen zufrieden und gehen wieder nach Hause.)

Kapitel 1
DER URSPRUNG

Erst als ich aufhörte zu suchen und gleichzeitig damit aufhörte zu finden, begann ich wirklich zu leben. Was gestern noch die höchste Weisheit und die höchste Wahrheit war, ist heute völlig bedeutungslos. Es gibt keine Wahrheit und keine Weisheit. Es gibt auch keine Weisen oder Meister und keine Lehren. Die Menschen sind gehetzt. Sie suchen ununterbrochen. Sie suchen und suchen und suchen und dann meinen sie gefunden zu haben, eine Weile genügt ihnen das und dann suchen sie erneut, bis sie wieder finden, worauf wieder ein Suchen folgt. Es nimmt kein Ende und in der ganzen Zeit die sie suchen und finden und wieder suchen, vergessen sie, wer sie sind, was sie eigentlich wollen oder wozu sie da sind, wo ihre Kraft ist und wie sie dazu gekommen sind. Sie leben nicht! Die Dinge SIND einfach nur. Sie sind weder gut noch schlecht, weder weise noch dumm. Ist ein Stein dumm? Oder ein Berg weise? Oder ein Blatt gut? Und ein Fluss schlecht? Nein, sie sind weder das Eine noch das Andere. Sie SIND einfach nur. Wieso sollte es beim Menschen anders sein? Aber kaum hat ein Mensch das verstanden, ermächtigt er sich selbst und wird WEISE. Und damit beginnt das Unglück, denn dann kommen die Dummen zum Weisen und wollen seine Lehren wissen, wollen erfahren, was diesen Menschen so glücklich macht und blöderweise kommen dann auch noch die Neider dazu! Und so hängen an diesem erwachten Menschen, der gesucht und gefunden hat, plötzlich unheimlich viele Menschen dran.

Wie unsichtbare Fäden, die sich dahin spinnen und dorthin spinnen und über diese unsichtbaren Fäden wird Energie abgezogen bis dieser Meister, dieser Guru, der Erwachte, ein Nichts ist. Oder umgekehrt, der Weise, Erwachte Guru ist auch noch egoistisch und ENTZIEHT mit diesen unsichtbaren Fäden den Dummen die Kraft. Er benutzt die Kraft um sein Ego zu stärken oder um Macht zu erlangen oder um Geld damit zu verdienen. So läuft es doch meistens. Nicht nur mit Gurus und Weisen und Erwachten, sondern auch mit Heilern und Schamanen, Buddhisten und Christen, Islamisten und anderen Religionen, Weisheiten, Lehren, Politik oder auch einfach nur im kleinen Dorfgefüge zwischen den Autoritäten und den Untergebenen.

Trotz allem war mein Leben vor dieser Erkenntnis nicht vergeudet. Es war ein Weg. Ein Weg, der noch nicht zu Ende ist und der vielleicht auch nirgendwo begonnen hat und niemals enden wird, sondern immer war und ewig IST. In irgendeiner Form, in irgendeinem Raum in irgendeiner Zeit. Ein Weg, der auch auf diese Weise weiter bestehen wird. Irgendwie. Irgendwo. »Irgendwo ist nirgendwo« sagte einmal ein Freund. Es gibt eben Dinge, die nicht greifbar, nicht fassbar sind, die man weder mit Worten beschreiben noch mit dem Verstand erfassen kann.

Es hat lange vor meinem Leben begonnen. Da war eine Stadt und Menschen mit langen Kleidern. Es war voller Liebe und voller Hingabe an das Göttliche. Es war nicht körperlich. Nicht greifbar. Irgendwo da draußen. Nicht hier auf der Erde. Als es zu Ende ging, zog mich ein Strudel nach unten. Weit nach unten. Es war nicht schön. Es war wie Geburtswehen. Ein Drang, in eine bestimmte Richtung zu gehen. Es wurde fester und körperlicher. Drückend. Heiß. Unangenehm. Und das Nächste an das ich mich erinnern kann war, dass ich als Kolkrabe über das Land flog und die Sonne auf meinem Rücken trug. Ich schaute nach unten und sah Wälder soweit meine Augen blicken konnten. Keine Straßen oder Häuser, keine Autos, keine menschengemachte Dinge. Nur Wildnis. Und mitten in dieser Wildnis entdeckte ich einen Flusslauf. Ich folgte ihm und plötzlich sah ich einen Wasserfall an dem Kinder spielten. Menschenkinder mit brauner Haut und strahlendem Lächeln, glücklich und vollkommen. Ich hörte das Kinderlachen und sah das aufspritzende Wasser, wenn sie von Felsen in den Fluss sprangen. Und ich trug die Sonne auf meinem Rücken und flog über diese vollkommene, glückliche Welt mit ihren Menschenkindern. Danach folgte wieder ein Schnitt. Ich sah Glasbauten und Kristallwelten. Menschen die höheres anstrebten, die sich technisch entwickelten und mehr wollten vom Leben als bloß Wildnis und Glück. Sie wollten Erkenntnis und Wissen. Sie wollten den perfekten Menschen schaffen. Mit höchsten Technologien und Genmanipulation, mit Laboren in denen sie experimentierten. Doch ihre Glasbauten und Kristalle zersplitterten und versanken. Wieder änderte sich das Bild, ich stand am höchsten Punkt eines Maya-Tempels. Neben mir ein Priester und wir opferten den Göttern Kinder. Blutopfer. Wir baten die Götter um gute Ernten, um Gesundheit und Wohlstand und waren bereit, dafür Menschenleben zu geben. Es folgte ein mittelalterliches Szenario. Ein Mädchen sammelte Kräuter am Waldrand. Ich war ein junger Mann und verliebt in dieses Mädchen. Als sie mir die kalte Schulter zeigte, verpetzte ich sie und sie wurde gefoltert und schließlich getötet als Hexe. Und ich saß daneben und schrieb die Abläufe der Folter und die genaue Auswirkung mit Tinte auf Papier. Das Mädchen sollte mir auch in meinem jetzigen Menschenleben wiederbegegnen. Ich verliebte mich auf der Stelle in sie, schrieb ihr ein Gedicht, sie wusste sofort wieder wer ich bin, ihre Wangen röteten sich, sie schrieb von tiefen Gefühlen für mich. Eine gemeinsame Freundin erzählte, sie hätte geweint und wäre durcheinander … Danach hörte ich nie wieder von ihr, es war wohl Angst vor der Erinnerung.

waldelfe

dein elfenhaar glänzt im mondlicht
dein blick, verträumt
am liebsten würde ich dir die feder aus der hand nehmen
und damit vorsichtig deine wangen streifen
waldelfe …
ist es liebe, was ich fühle?
oder ist es nur die erinnerung an ferne tage,
in einem anderen leben?
der knorrige alte baum kann sich vielleicht erinnern.
er weiss es ganz sicher.
der wind hat es ihm geflüstert,
als du deinen rücken an ihn gelehnt hast.
dein gesicht ist fast durchscheinend.
so, wie das bei elfen eben ist.
so zerbrechlich,
als dürfte man einen kuss nur hauchen,
um es nicht zu zerstören.
lichtwesen.

so feinstofflich.
wie ein schmetterling.
meine gefühle sind so unbeschreiblich,
seit ich dich gesehen habe.
ich glaube, waldelfe,
wir kennen uns schon sehr, sehr lange.
damals gab es noch einhörner und zwerge,
gnome, trolle und feen.
ich kann mich ein wenig erinnern.
fetzen wie aus einem vergessenen märchen.
nebel und krähen-gekrächze, kälte und eiszauber.
und du, waldelfe.
zerbrechlich und mit langem elfenhaar.
so weit weg, so lange verschollen, und nun wieder so nahe.
als ob du noch etwas zu sagen hättest,
und nochmal zurückgekommen wärst.
ich höre, waldelfe!!
erzähl mir von dir
vielleicht muss ich etwas lernen.
schön, dass du wieder da bist.

Und weiter flog ich durch Welten und Ebenen, ich goss schwarze Tinte in eine Schüssel gefüllt mit Wasser und schuf mir damit einen Spiegel der mir mehr erzählen sollte aus den anderen Welten, anderen Ebenen, anderen Leben. Ich starrte in den schwarzen Spiegel als wolle ich ein 3-D-Bild erkennen, mein Blick war verschwommen und dann tauchten weitere Bilder auf: Ich sah Feuerschein und Maskentänze, nackte schwitzende Leiber im Trancetanz. Holzmasken mit langen Schnäbeln, ekstatische Tänze. Eine Weile verharrte ich in meiner Reise vor einem Bild von türkisgrünem Meerwasser. Ich sah mich als rundliche dunkelhäutige Frau mit langen schwarzen Locken. Ich stand bis zur Hüfte im Wasser, links und rechts neben mir zwei Holzpflöcke, an denen ich mich festhielt, während ich auf diese Weise stehend und im Wasser mein Kind zur Welt brachte. Ein Kind, das aus der Liebe zwischen einer Frau und einem Mann entstand, die sich nicht hätten lieben dürfen, weil sie verfeindeten Stämmen angehörten. Es war eine heimliche Liebe und das Kind wäre sofort getötet worden, hätte man davon gewusst. Und so blieb mir nichts anderes übrig, als es an einem einsamen Strand in wunderschöner Umgebung zur Welt zu bringen, die in dem Moment aber nicht wahrgenommen wurde. Ohne die Unterstützung des Stammes, ohne Rückhalt, aber mit einer kleinen Chance darauf, zu leben.

Langsam begann ich zu begreifen, dass das alles ich war und bin. Dass ich es nicht nur war, in anderen Leben, sondern auch jetzt noch bin, denn ich habe es ja erlebt. Ich habe es gesehen! Das alles ist gespeichert in meiner unsterblichen Seele, es ist abrufbar. In Träumen, in schamanischen Reisen. Es ist gleichzeitig Vergangenheit und Gegenwart. Und genau genommen ist es sogar Zukunft, denn ich nehme es mit auf meinem Weg und gebe es weiter, es wird immer sein. Und so lerne ich, dass Vergangenheit, Gegenwart und Zukunft nicht hintereinander verlaufen, sondern parallel nebeneinander. Gleichzeitig hier und in anderen Welten und anderen Ebenen, Gestern, Heute und Morgen zugleich.

Kapitel 2
DAS WÜNSCHELHOLZ

Eines Tages ging ich durch den Wald spazieren, als neben dem Weg plötzlich lauter Baumstämme lagen und überall Rindenstücke und Fetzen von gewaltsam entfernten Wurzeln und Ästen verstreut lagen. Als ich mich umblickte sah ich, dass im Wald jeder zweite Baum umgeschnitten worden war. Nur noch nackte Stümpfe ragten aus dem Waldboden und auf jedem dieser Stümpfe saß ein trauriger Baumgeist, der nicht mehr so recht wusste, was er mit seinem Baumgeistleben anfangen sollte. Bestürzt ging ich weiter, und je weiter ich in das Tal ging, desto mehr traurige Baumgeister saßen neben dem Weg. Ich hörte in der Ferne das Kreischen von Kettensägen und das Scheppern, Brummen und Krachen von Baggerschaufeln, Traktormotoren und Lastwagen. Ich blieb stehen und rief alle Baumgeister zu mir. Sie kletterten von ihren Stümpfen und umringten mich, neugierig, was ich wohl zu sagen hätte. Als ich mich ihnen vorstellen wollte, sagten einige der älteren Baumgeister: »Dich kennen wir doch, du bist die Enkelin des alten Holzknechtes, der auch immer hierhergekommen ist. Du warst als Kind schon da und hast unter unserem Schatten gespielt, bist hier Rad gefahren und hast Staudämme im Bachbett gebaut!« Ich wunderte mich darüber, wie lange sich Bäume so eine Kleinigkeit merken konnten und es berührte mich, denn sie empfingen mich wie eine Verwandte. Lachend nickte ich und sagte: »Ja, ich bin die Enkelin des alten Holzknechtes. Er ist gegangen und ich bin gekommen, um in seinen Fußstapfen zu gehen«. Da freuten sich die Baumgeister, denn sie wussten, ich würde ihnen helfen. Ich entschuldigte mich bei ihnen. Ich sagte ihnen, dass es mir Leid tut, was ihnen angetan wurde. Und ich erzählte ihnen, dass auch ich mit Holz heizen muss, um im Winter nicht zu frieren. Jedes Jahr brauche ich 18 Festmeter Holz von ihnen, damit ich meine Öfen im Haus heizen kann. Ich bat sie um Verzeihung. Ich bot ihnen an, sie könnten alle mit mir kommen und ich würde sie mitnehmen, eine ganze Wanderung lang, und jedes Mal wenn einer der Baumgeister einen Baum sah der Hilfe gebrauchen konnte, dann solle er zu dem Baum gehen und dem Baumgeist helfen, diesen Baum gesund und stark und groß wachsen zu lassen. So trug ich an diesem Tag hunderte Baumgeister mit mir den Berg hinauf und jeder Baumgeist suchte sich einen neuen Baum und ich wurde mit jedem Schritt leichter. Als ich am Berg ganz oben angekommen war, fühlte ich mich leicht und beschwingt und ich ging lächelnd und mit einem freien Herzen weiter, als vor mir ein kleines, seltsam geformtes Hölzchen auf dem Weg lag. Ich hob es auf und fragte in Gedanken, was es mit diesem Hölzchen auf sich habe? Da schallte es aus den Wäldern: »Nimm es mit! Es ist ein Wünschelholz! Weil du uns geholfen hast, wollen wir dir helfen, deine Wünsche zu erfüllen!«

Von diesem Tag an fand ich immer wieder Wünschelhölzer im Wald und auf den Wegen die ich ging. Und jedes Mal wenn ich einen traurigen Baumgeist sah, nahm ich ihn mit und half ihm, einen neuen Baum zu finden.

Kapitel 3
WIE'S KAM

Vor langer Zeit habe ich mich dazu entschieden, geboren zu werden. Ich suchte mir also die für mich richtigen Eltern aus und träumte mir den Ort, an dem ich zur Welt kommen wollte. Viele Berge und Täler und einen smaragdgrün schimmernden Fluss sollte er haben. Mein Herz sollte stark werden an diesem Platz und ich wollte feste Wurzeln bekommen, einen Körper der allen Winden trotzen und Arme, die nach den Sternen greifen konnten. Verbündete sollten mich dort begleiten. Mächtige Berggeister, Baumfreunde und Flusswesen, – Naturgeschwister, die mich unterstützen sollten bei meiner Aufgabe. Und ich wusste genau, was meine Aufgabe sein würde. Ich wollte Licht und Dunkelheit nutzen, um Heilsames zu bewirken. Ich wollte Spuren der Herzkraft hinterlassen auf meinem Weg. Mit der Unterstützung meiner Familie, meiner Vorfahren, der Ahnen, der Verstorbenen, die vor mir gingen und mit der Sehnsucht nach Unendlichkeit und Freiheit wollte ich die Erdenzeit nutzen, um mit der ganzen Kraft der Dunkelheit und der ganzen Kraft des Lichtes Schmerzen zu vertreiben, Leiden zu lindern und Krankheit zu verhindern.

Als ich mir alles, was ich mir wünschte und alles, was ich in diesem Menschenleben tragen konnte in die Welt geträumt hatte, sprang ich ins Nichts und landete im Schoss meiner Mutter. In meinen Augen spiegelte sich noch das Universum, als ich in der Nacht des elften Augustes 1975 im Bett meines Vaters und mit der Hilfe einer alten Hebamme geboren wurde. Der Ort an dem ich zur Welt kam, hieß Opponitz, ein kleines Bergdorf im Ybbstal in Niederösterreich, dessen slawischer Name so viel wie »Geräusch des Wassers« bedeutet. Ich selbst aber war im Zeichen des Feuers geboren. Löwe im Sternzeichen, Löwe als Aszendent, und die Sonne als vorherrschender Planet in der Geburtsminute. Äußerlich war ich in einer Menschenhülle geboren worden. Doch ich fühlte mich wie ein Baum. Verwandt mit den Pflanzen. Verbunden mit der Erde. Mit einem Willen, der schnell als Sturheit bezeichnet wurde. In meiner Kindheit wurde ich nachts von Krokodilen zerfetzt, ich sah schwarze Wesen mit leuchtenden Augen vor meinem Elternhaus am Waldrand sitzen, ich hörte unsichtbare, kleine Gestalten sprechen und als ich während der Hauptschulzeit einmal zwölf Warzen auf meinen Fußsohlen hatte, die mich schmerzend daran hinderten, am Turnunterricht teilzunehmen, rief meine Großmutter einen als »Wender« bekannten alten Mann an. Dieser gab mir einen Spruch, den ich dreimal am Tag bei abnehmendem Mond aufsagen sollte, während ich die Warzen mit weißer Schneiderkreide einrieb. Wenige Tage später wurden die Warzen, die sich tief in die Haut gefressen hatten, plötzlich schwarz und fielen einfach ab. Ich habe damals nicht darüber nachgedacht, wie es funktionieren konnte. Ich habe weder daran geglaubt noch daran gezweifelt. Es war eben einfach so. Ich hinterfragte auch später, in meiner Jugend, die Dinge selten, sondern nahm das Leben so wie es kam. Weder bemühte ich mich, es voranzutreiben, noch versuchte ich, es aufzuhalten oder zu entschleunigen. Ich lebte völlig im Hier und Jetzt, wie ein Baum der an ein und derselben Stelle steht, egal ob Sommer oder Winter, egal ob bei Frost oder Sonnenschein, ob Vögel auf ihm nisteten oder ein Eichhörnchen auf ihm herumtanzte. Ich war ich. Und es war eben wie es war. Manchmal schmerzhaft und traurig, deprimierend und schlimm, manchmal übersprudelnd, voller positiver Überraschungen und Momenten von Fülle und Glück. Es ging bergauf und bergab und ich hörte einfach nicht auf zu gehen, egal was kam.

Das Leben trieb mich weg aus meinem Geburtsort und ich lebte mit einer Leidenschaft, die vom Feuer in mir vorangetrieben wurde. Wie ein naives Kind verbrannte ich mir die Finger immer wieder, weil ich alles ausprobieren und selbst spüren wollte. Ob Alkohol, Männer oder gefährliche Begegnungen und Unternehmungen, ich war dabei. Eine meiner ersten sexuellen Erfahrungen war eine Vergewaltigung in einer Lagerhalle. Aber ich steckte sie weg und lebte weiter als wäre nichts gewesen. Schließlich wusste ich, dass irgendwo da draußen auch gute Menschen sein müssten, ich musste sie nur erst finden. Erst als ich mein erstes Kind von einem Mann erwartete, der kriminell war und mich betrog und hinterging, hörte ich für eine Weile auf, mein Leben voranzutreiben und wurde langsamer. Ich trennte mich von ihm, brachte mein Kind alleine zur Welt und begann mich langsam wieder zu finden. Die Schwester legte mir dieses Kind in den Arm und es war, als ob es ein Laib Brot wäre oder ein Kubus aus Glas und Stein, fremdartig und verwirrend. Ich begann, es kennen zu lernen und lieben zu lernen und da kam so viel Liebe zurück, dass es mich überwältigte. Ich fand mich geborgen und beschützt in meiner Heimat wieder, in meiner Familie, als Mutter und als Frau. Niemals habe ich Sorge gehabt, dass ich versagen könnte oder das Kind nicht ernähren oder die Verantwortung nicht übernehmen könnte. Weiterhin nahm ich die Dinge wie sie kamen. Es war wie es war. Und es war gut. Da war ein Wesen, das mich bedingungslos liebte, das mir bedingungslos vertraute obwohl es mich nicht kannte. Es war aus dem Universum in meinen Schoss gefallen und nun lag es an mir, diesem Wesen die Welt zu zeigen. Und gleichzeitig begann ich die Welt anders wahrzunehmen, denn dieser kleine Säugling ließ mich aus seinen Augen sehen und ich selbst lernte dadurch meine Familie, meine Heimat und mich selbst neu kennen …

Kapitel 4
HEIMAT

Opponitz liegt auf 422 Metern, eingebettet zwischen Bergen und Wäldern. Durchzogen wird das Tal von der Ybbs, vom Grün des Flusses, der sich still und smaragdgrün im Winter, tosend und braun wie eine unheilvolle Schlange bei Hochwasser im Frühjahr und dunkelgrün und zum Baden einladend im Sommer durch das Tal zieht. Der Fluss ist ein Teil von mir. Ich fließe ebenfalls. Ich denke nicht nach, wohin ich fließe und ich sehe die Steine nicht als Hindernisse. Sie sind eben da und ich suche mir meinen Weg. Manchmal tosend, rauschend, Wellen schlagend und dann wieder leise gluckernd und still. Weil ich wie der Fluss bin, schenke ich ihm manchmal Blüten oder Tabak oder Milch, ich setze mich an sein Ufer und schaue den Flussgeistern zu, wie sie tanzen und murmeln und Steine grummelnd vor sich her rollen. Ich respektiere den Fluss, weil er die Lebensader ist. Manchmal bitte ich den Fluss, etwas mitzunehmen was ich nicht mehr brauche. Oder ich bitte für jemanden der krank ist, dass er ihm die Krankheit mitnehmen soll. Dann schütte ich etwas Milch in die Ybbs oder wenn es etwas Eitriges ist, dann färbe ich die Milch mit Curry gelb und schütte die gelbe Flüssigkeit in den Fluss und sage: »Bitte nimm's mit und bring's wo hin, wo's keinem schadet!« Ich sehe dann in meinen Gedanken wie die gelbe Flüssigkeit mit dem Eiter verbunden ist und vom Fluss mitgenommen wird und dann heilt das Eitrige. Solche Rituale sind auf vielerlei Arten möglich und nützlich. Und ich verwende für diese Rituale das, was mir gerade unterkommt. Manchmal ein Stück Holz das ich am Ufer finde, manchmal Blüten oder Blätter, Steine um die ich einen kleinen Zettel binde auf den ich den Namen der Krankheit schreibe und die ich dann in den Fluss werfe und so weiter. Der Fluss hilft mir bei meiner Arbeit. Er nimmt Dinge mit. Er bringt aber nach den Hochwassern im Frühjahr auch immer wieder Geschenke für mich. Zum Beispiel wundersame Steine oder gebogene Hölzer, die ich wiederum für die Heilarbeit verwenden kann.

Der Fluss hat so etwas wie eine Flussgöttin. Sie besteht aus silbrig glänzenden Fischleibern und springt dann aus den Tiefen der Ybbs, lässt sich mit einem großen Platschen zurück ins Wasser fallen, wo sich ihr Körper in viele silberne Fische verwandelt und in alle Richtungen verteilt. Ich gehe davon aus, dass jeder Tropfen Wasser der sich im Fluss befindet etwas Heiliges ist, das es wert ist, beschützt und erhalten zu werden. Wenn wir Wasser trinken, sollten wir uns dessen bewusst sein, dass das Wasser heilig ist und vom Himmel fällt, auf die Berge tropft, durch Moose und Farne und Wälder nach unten rinnt und schließlich bei uns aus der Leitung kommt. Es ist nicht selbstverständlich, sauberes, klares Wasser trinken zu können. Wenn ich aus einem Glas trinke, dann halte ich das Glas mit dem Wasser kurz in meinen Händen und sage: »Liebes Wasser, bitte erinnere dich daran, wo du herkommst!«

Dann erst trinke ich es und denke dabei an Bergquellen und Seen …

Die Berge rundherum geben mir Geborgenheit. Sie sitzen wie mächtige weise Buddhas im Land und man kann sich an sie lehnen. Sie haben eine Kraft, die sich besonders dann zeigt, wenn man sie bezwingen will. Berge bezwingt man nämlich nicht. Man gibt sich ihnen hin! Erst wenn man sie zu Verbündeten macht, ist man ihnen ebenbürtig. Die Berggeister bekommen regelmäßig Opfergaben von mir, weil sie mich unterstützen, mich beschützen und mir gut gesinnt sind, wenn ich sie als Freunde betrachte und respektvoll behandle. Ich betrete sie und ich pulsiere mit der Erdenmutter in einem Takt, der jeden Schritt auf meinem Weg zu einem Trommelschlag macht, der mich innerlich Lieder der Kraft singen lässt und auch mein Herz durchflutet. Heimat, das ist nicht dort, wo du Arbeit hast oder wo du eine Wohnung gefunden hast, wo abends die besten Wirtshäuser geöffnet haben oder das Benzin am billigsten ist. Heimat ist dort, wo die Bäume dich schon als Kind spielen sahen, wo die Berge dich morgens begrüßen wenn du aus dem Fenster schaust, wo deine Seele zu klingen beginnt, wo deine Ahnen begraben liegen und du den Puls der Erde spüren kannst. Heimat schmeckst du in jedem Atemzug, du spürst sie, weil dein Körper dort nicht an seinen körperlichen Grenzen endet, sondern sich ausdehnt und verschmilzt mit der Umgebung, die dich liebt und die du liebst. Manchmal rollen im Ybbstal große Felsen und Steine von einem Berg, an dessen Fuß eine Straße gebaut wurde. Mit Fangseilen und Überdachungen wird nun immer wieder versucht, den Steinen Herr zu werden, die auf die Straße fallen. Ein alter Mann der früher in Opponitz lebte, saß einmal in der Ybbstalbahn neben mir, schaute auf den gegenüberliegenden Berg und sagte nachdenklich: »Jo, wenn ma im Berg den Fuass wegnimmt, dann fallt a immer wieder um«. (»Ja, wenn man dem Berg den Fuß wegnimmt, dann fällt er immer wieder um.«) Diese Steine sind natürlich gefährlich für die Menschen, die dort mit ihren Autos entlangfahren. Darum gehe ich zu diesem Berg und singe für ihn, sooft ich an ihm vorbeikomme. Ich singe: »Halt's zamm deine Stoana, halt's zamm, halt's zamm« (»Halt sie zusammen, deine Steine …«) und dann schmunzelt der Berg und hält seine Steine und Felsen fest zusammen und in meinen Gedanken sehe ich, wie sich eine weiße Decke über die lockeren Steine legt und wie diese Decke alle Steine am Berg hält. Der Berg schwingt mit meinem Gesang und ich freue mich jedes Mal, wenn wir uns begegnen und auch er freut sich, denn er hat sonst niemanden der für ihn singt.

Manche Berggeister zeigen mir Seen die im Berg versteckt sind, andere sind Geschwister, wieder andere wollen nicht besucht werden. Jeder Berg ist anders. Keine zwei Berge sind genau gleich. Jeder spürt sich anders an, einer ist freundlich, ein anderer grob und rau. Berge sind Persönlichkeiten. Und je nachdem, wie man ihnen begegnet, so sind sie auch zu einem. Darum habe ich immer kleine Opfergaben mit in meinem Rucksack, wenn ich auf einen Berg gehe.

Auch wenn ich durch einen Tunnel fahre, singe ich für den Berg. Ich bitte ihn um Verzeihung und bedanke mich, dass ich durch seinen Bauch fahren darf. Manchmal, wenn niemand sonst im Tunnel ist, dann hupe ich fröhlich vor mich hin um die Berggeister zu grüßen oder ich zünde einen gebundenen Stab aus getrocknetem Salbei an und halte ihn aus dem Fenster und räuchere so den ganzen Bergbauch während ich durch ihn hindurch fahre.

Früher war ich oft Bergkristalle oder Smaragde suchen in Rauris und im Habachtal. Mir sind Menschen begegnet, die mit Spitzhacken in den Berg schlugen und Kristalle herausbrachen. Menschen, die mit Hämmern und Hacken Steine zerschlugen, in der Hoffnung, einen kleinen Smaragd zu finden. Menschen, die die Umgebung nicht mehr wahrgenommen haben. Die nichts gaben, dafür aber umso mehr nahmen. Die den Berg stürmten, ohne Rücksicht zu nehmen. Auch nicht auf mich, die ich noch nicht so bergerfahren war. Ich lief hinter ihnen her und hatte kein Wasser dabei, niemand wartete auf mich oder fragte mich, ob es mir gut geht. Sie wollten Kristalle. Das war alles, was sie interessierte. Ich setzte mich dann neben ein Schneefeld und beobachtete Gämsen, die sich dort sonnten. Ich wollte keine Steine mehr. Weder wollte ich sie in einem Geschäft kaufen, noch wollte ich sie weiterhin suchen. Mir wurde immer klarer, dass die Kristalle den Berggeistern gehören. Dass sie die Hüter der Berge sind. Dass es nicht unser Recht ist, einen Kristall einfach herauszubrechen aus dem Berg. Dass ich mit jedem Kauf eines Kristalles diesen Raub an der Natur unterstütze. Ich begann, alle Steine und Kristalle, die ich gekauft oder geschenkt bekommen hatte, in die Natur zurückzubringen. Ich ging so weit, dass ich meine größten Schätze an Federn, Steinen, Tierkrallen oder anderen wundersamen Dingen der Natur zurückgab. Ich bat die Wesen der Natur um Verzeihung. Das tat ich, wenn ein überfahrenes Tier tot auf der Straße lag, wenn ich eine Katze im Straßengraben begrub, wenn ich einen zertretenen Käfer entdeckt hatte, wenn ich hunderte Zigarettenstummel auf meinem Weg zählte. Ich bat die Geister um Vergebung für die Achtlosigkeit und Dummheit der Menschen. Ich sammelte den Müll von den Badegästen ein, die zu uns an die Ybbs kamen und von der Plastikflasche bis zum Metallschrott ihren Abfall hinterließen. Ich schenkte den Flussgeistern dafür Blüten oder Milch und bat um Verzeihung.

Ein nordamerikanischer Indianer erzählte mir einmal, dass eine einzige weggeworfene Zigarette 10 Liter Grundwasser so vergiftet, dass man es nicht mehr trinken kann. Ich weiß bis heute nicht, ob das stimmt. Aber ich habe es jedem Menschen erzählt, den ich beobachtete, wenn er achtlos einen Zigarettenstummel in die Natur warf. Ich habe auf dem Weg zwischen meinem Haus und dem Kindergarten in meinem Heimatdorf einmal über 90 Zigarettenstummel gezählt. Zu Hause rechnete ich mir aus, wie viel Trinkwasser das war. Verseucht und giftig. Ich dachte an meine Kinder und ich wusste, dass ich es nicht mit meinem Gewissen vereinbaren konnte, sie liegen zu lassen. Seither sammle ich auch Zigarettenstummel ein.

Kapitel 5
WURZELN

Mein Papa wurde – genau wie auch ich – hier in Opponitz geboren. Meine Mutter stammt aus Oberösterreich und
die beiden lernten sich kennen, als Mama ihren Urlaub hier
verbrachte. Da es im ganzen Dorf damals nur einen einzigen Fernseher gab und die Dorfjugend in und um ein kleines Häuschen saß, in dem der Fernseher stand, trafen sich
Mama und Papa eines Tages dort vor dem Haus und während die anderen in den Fernseher schauten, verschauten
sich Mama und Papa wohl ineinander. Mama zog dann
nach Opponitz und später besuchten mein Bruder und
ich mit unseren Eltern regelmäßig jedes zweite Wochenen-
de die Großeltern mütterlicherseits in der Nähe von Linz,
wo wir auch oft unsere Ferien verbringen durften. Meine
Eltern reisten sehr gerne, sodass wir schon als Kinder viel
herumgekommen sind und so auch die Welt außerhalb des
Dorfes kennen lernten. Das ehemalige Jugoslawien, Ita-
lien, Deutschland, die Tschechoslowakei oder Griechen-
land, Schweiz, Tunesien und alle Bundesländer Österreichs
… Meine Mama hatte früher etwa sechzig Briefbekannt-
schaften in der ganzen Welt, von Jamaica bis Neuseeland.
So kam es, dass auch ich viele Brieffreunde hatte, englische
Briefe schrieb, fremde Kulturen, Länder und Bräuche, Traditionen und Perspektiven kennen lernte. Vielleicht war das
mit ein Grund, weshalb ich später nie so die richtige »Dörf-
lerin« wurde und mich immer etwas »anders« fühlte als die
Menschen hier. Als ich dann einen »indianerbegeisterten«

Oberösterreicher heiratete und für sieben Jahre nach Oberösterreich zog, lernte ich durch meinen Mann nicht nur wie man mit Pfeil und Bogen schießt oder Traumfänger webt, indianischen Knochenschmuck oder Ledertaschen herstellt oder wie man Medizinbeutel anfertigt. Auch meine Brieffreundschaften entwickelten sich immer mehr nach Amerika und Kanada, wo ich Natives kennen lernte. Ojibwe-Cree-Indianer, Inuit-Schamanen, Lakota-Indianer und indianische Männer, die in Gefängnissen saßen und Briefe zum Zeitvertreib schrieben. Ich erfuhr immer mehr über die verschiedenen indianischen Kulturen, Stämme, Ansichten, über traditionelle Werte und die schamanische Weltsicht, Medizinräder und spirituelle Denkweisen.

Meine Brieffreunde schickten mir per Post Sweetgrass-Zöpfe (aus getrocknetem Gras gedrehte Zöpfe die man zum räuchern verwenden kann) oder selbst genähte Mokassins aus Hirschleder für meine Kinder, Traumfänger, Medizinbeutelchen und Stachelschweinborsten, Kojotenfell-Taschen und Pfeifen, Lakota-Sprachkurse und Bücher, sogar geräucherten Lachs von den Makah-Indianern aus Neah Bay in Washington bekam ich geschickt.

Wir wussten auch wann sich indianische Gruppen in Österreich aufhielten und fuhren oft in andere Bundesländer, um dort sein zu können. Einmal trug es sich zu, dass wir eines dieser Indianercamps betraten und ein Azteke in traditioneller Kleidung mit Federschmuck auf dem Kopf auf uns zuging, uns jeweils eine Feder aus seinem Kopfschmuck schenkte und sagte: »Ihr habt den indianischen Geist in euch!«

Mit der Zeit fühlte ich mich ihnen immer mehr verbunden. War mein Herz nicht ebenfalls rot? Als ich dann auch noch die Möglichkeit hatte, selbst zu lernen, wie man per Trommeltrancereise in die schamanischen inneren Welten eintaucht, beschloss ich, diese Chance wahrzunehmen und ich begab mich drei Tage in die Tiroler Bergwelt, wo ich die Grundzüge der schamanischen Geistwelten kennen lernte. Wenig später besuchten mich Freunde aus Kanada zum ersten Mal in Österreich – ein Inuit-Schamane und seine Frau, eine Ojibwe-Cree-Indianerin. Sie luden mich ein, für zwei Wochen zu ihnen nach Kanada zu kommen. Mein Mann passte auf die Kinder auf und ich flog mit einer Freundin nach Kanada, wo wir mit Wölfen heulten, an heiligen Orten beteten, alten Geschichten lauschten, mit einer Mohawk-Band sangen und tanzten, durch die Wildnis streiften und tolle Menschen kennen lernten, heilige Gegenstände zu sehen bekamen und viel lernten.

Nach zwei Wochen wollte ich am liebsten dort bleiben, ich hätte sogar einen Job angeboten bekommen. Ich ließ mir die Papiere schicken, die man zum Auswandern brauchte und als ich dann alles ausgefüllt hatte, musste ich an meine Oma denken und an die Berge meiner Heimat und ich wusste, dass ich hierher gehöre und nicht nach Kanada. Ich warf die Papiere in den Ofen. Selbst wenn ich nach Kanada gegangen wäre, meine Wurzeln wären hier in Österreich geblieben, im Mostviertel, zwischen den Bergen des Ybbstals.

Einige Jahre später sollten mich meine Freunde aus Kanada noch einmal besuchen. Sie baten mich, ihnen einen kraftvollen Ort zu zeigen und ich fuhr mit ihnen zur Ruine Schaunburg in Pupping/Oberösterreich.

Wir stellten uns in den Burghof und Nija und Augiak begannen Lieder in ihrer Sprache zu singen und zu beten. Ich verstand kein Wort, aber es erfüllte mich mit Demut und wir hielten uns an den Händen, ich spürte die Kraft und wusste, dass es um etwas Wichtiges ging.

Erst als mich Augiak danach um eine Zigarette fragte und diese zerbrach und den Tabak opferte, während Nija meine Handfläche mit verbranntem Sweetgras einrieb und mir erklärte, ich dürfe jetzt nur Gutes denken, denn meine Gedanken würden mit dem Rauch des verbrannten Grases aufsteigen zum großen Geist, wurde mir klar, worum es hier ging. Augiak drückte mir dann eine Schwarzbärenkralle in die Hand, schaute mir in die Augen und sagte: »You are Shaman!« (»Du bist Schamanin.«)

Ich wollte es zu diesem Zeitpunkt damals noch nicht glauben. Wie sollte ich das Schamanin-Sein denn leben in Opponitz? Die Dorfbewohner würden mich doch auslachen, ich würde bestimmt mit der grünen Minna geholt und ins Narrenhaus gebracht. Aber es sollte so kommen, wie Augiak es gesagt hatte. Träume und Visionen brachten mich dazu. Ich wurde kurz krank und während ich schwach am Sofa lag und Tee trank, umkreiste mich eine Fledermaus die unentwegt mit schriller Stimme und mehrfachem Echo in meine Ohren kreischte: »DU BIST SCHAMANIN! DU KANNST MENSCHEN HEILEN! ES IST DEINE AUFGABE! DU BIST SCHAMANIN!« Ich träumte nach diesem Erlebnis von einem Mann mit nur einem Bein. Er schenkte mir im Traum eine Rune. Das Zeichen würde mir helfen, meinen Weg zu finden, sagte man mir im Traum. Ich hatte keine Ahnung von Runen. Als ich wieder halbwegs gesund war, fuhr ich zu einem Mittelalter-Fest nach Wels und dort sah ich den Mann unter einem Kastanienbaum stehen. Er verkaufte Kräuter, fertigte Amulette aus Holz an und in einem Kessel kochte eine Suppe vor sich hin. Ich beobachtete ihn eine Weile. Er hatte ein Bein bei einem Motorradunfall verloren, erzählte er mir später. Er trug ein Schafsfell als Weste. In mir ging's drunter und drüber. Wie sollte ich ihn um die Rune fragen? Würde er mich für verrückt halten? Ich sprang über meinen Schatten, ging auf ihn zu und er schaute mich nur an und sagte: »Ah, ich wusste, dass du kommst!« Völlig geplättet von dieser Aussage, fragte ich ihn nach der Rune und er schnitt aus einem Ast eine Scheibe und brannte mit einem Lötkolben eine Rune in das Holz, fädelte ein Lederband durch ein Loch in der Holzscheibe und hängte mir dieses Amulett um den Hals. Als ich ihn fragte, was er dafür bekäme, antwortete er nur: »Mach deine Aufgabe gut!«

Ich ging den schamanischen Weg etwa 15 Jahre lang. Dann wurde mir klar, dass ich mich selbst einschränkte, wenn ich nur diesen Weg zuließ. Es war weit mehr möglich. Denn alles, was man für möglich hält, IST auch möglich. Und so begann ich, nach den eigenen Heilwegen und Traditionen zu suchen. Dazu musste ich zurück in meine Kindheit und Jugend:

Mit uns im Haus lebte mein Großvater, der früher unter Rothschild als Holzknecht und später als Schmied bei einem

Mein Opa Franz Benatzky

»schwarzen Grafen« gearbeitet hatte und in seiner Freizeit Imker war.

»Schwarze Grafen«, so wurden damals die großen Gutsbesitzer mit ihren eisenverarbeitenden Betrieben im Ybbstal genannt, da bei der Verarbeitung von Eisen schwarze Schlacke entstand, die später als steiniger Klumpen im Fluss landete. Ein »schwarzer Graf« war also einerseits jemand mit großem Gutshof und vielen Ländereien und »schwarz« wegen der Schlacke der Hammerwerksbetriebe, die man auch heute noch in der Ybbs finden kann. Auch meine Großmutter lebte bei uns im Haus, sie arbeitete ebenfalls beim schwarzen Grafen; als Magd war sie dort nicht nur für den Stall und die Wäsche der Gutsleute zuständig, die sie im Bach waschen musste, sondern auch für die Pferde, die das Eisen vom Erzberg brachten und deren Geschirr sie ebenfalls im Bach zu waschen hatte. Ab und zu half sie auch bei der Heuernte oder beim Sauabstechen. Der schwarze Graf war übrigens unser Nachbar, ich konnte den Gutshof von meinem Kinderzimmerfenster aus gut sehen und wenn Oma sich in ihrem Bett aufsetzte, sah sie, ob drüben im Stall schon das Licht brannte oder nicht. Oma bekam für ihre Arbeit damals 500 Schilling im Monat, täglich eineinhalb Liter Milch und ab und zu Speck oder Wurst. Zu ihrer Chefin sagte sie damals »Frau Mama« das war so üblich. Wenn die »Frau Mama« sie einkaufen schickte, dann sagte sie oft, dass sie keine Käswurst kaufen dürfe. Oma fragte dann einmal den Chef, ob er denn keine Käswurst mag, da sagte er ihr, dass die Chefin nicht will, dass er Käswurst isst, sie hätte die Meinung, »die brauche er nicht«. Also hat Oma dem Chef heimlich Käswurst mitgenommen, die hat er ihr dann extra bezahlt und heimlich hinter dem Haus gegessen. Es gab damals viele Angestellte auf diesem Gutshof, drei Mädchen die für Haus und Stall zuständig waren, viele Schmiede und Knechte und einen »Moa« (so etwas ähnliches wie ein Pächter, der für die Gutsverwaltung zuständig war). Wie wichtig meine Oma damals für den Gutshof war, wird ersichtlich, wenn man die Aussage des schwarzen Grafen kennt, der einmal zu seiner Frau sagte: »Wennst des Mensch aussi schmeißt, kannst glei morg'n olle Kühe verkaufen!« (»Wenn du das Mädchen hinauswirfst, kannst du morgen auch gleich alle Kühe verkaufen.«) Oma hat dort 36 Jahre gearbeitet.

Wenn ich an meine Kindheit denke, dann höre ich das Geräusch des dazugehörigen Hammerwerkes, das stetige »ding-ding---ding-ding---ding-ding« das mich von morgens bis abends begleitete. Das Hämmern der Schmiede war mir

Meine Oma Hermine Benatzky

nie wirklich bewusst als Kind, als ich aber jahrelang von zu Hause weg war und dann zurück kehrte, fehlte es mir, denn die Schmieden im Dorf gab es dann nicht mehr. Heute erinnert nur noch ein Museum und der »Hammerbach«, der durch das Dorf führt, an die alte Zeit, sowie der Name »Eisenstraße«, der den Weg zwischen dem Erzberg und dem Mostviertel bezeichnet, wo früher das Eisen zu den Betrieben transportiert wurde, die dann Sicheln, Sensen, Pfannen und andere Dinge daraus fertigten. Ich erzähle deshalb vom Eisen, weil das Schmieden an sich eine magische Arbeit war und ist. Metall in Verbindung mit Feuer und Wasser in eine andere Form zu bringen ist etwas Mystisches. Es verändert den Menschen, wenn er tagtäglich mit dieser Arbeit beschäftigt ist, wenn das Herz im Gleichklang mit den Hammerwerken schlägt und dabei die Funken sprühen. Menschen die ihr Leben lang mit Metall arbeiten und zugleich in einem engen Tal leben, neigen vielleicht ein wenig dazu, abzuhärten wie ihr Werkstoff, mit dem sie täglich zu tun haben und auch ein wenig »eng« in ihrer Weltsicht zu werden, aber auch stark verwurzelt, da das Eisen ja aus dem Berg kommt und somit aus der Erde und man es täglich angreift und umformt …

Ich empfinde Menschen die mit einem weicheren Werkstoff arbeiten »weicher« – zum Beispiel jemand der schnitzt oder Holz in irgendeiner Form bearbeitet, ist weicher als jemand der Metall schmiedet.

Mir selbst fällt immer wieder auf, wie sich mein Innerstes »weitet« sobald ich das Tal verlasse und auf einen Berg hinaufgehe, um die Welt aus einer anderen Perspektive zu betrachten. Wie frei ich mich dort oben fühle und wie beengend es sich oft anfühlt, wenn ich zurück ins Tal komme. Auch die Sonne trifft man dort oben viel öfter an, als unten im Tal. Abgesehen vom Geräusch der Hämmer, verbinde ich meine Kindheit aber auch mit dem Rauschen der Ybbs, grünen Wäldern, Bergen und Felsen und Bachbetten in denen sich früher noch Flusskrebse und kleine Fische tummelten. Mein Großvater ist mittlerweile verstorben, er hat mir die Liebe zur Natur hinterlassen, unsere Verbindung könnte man mit einem Baum symbolisch darstellen. Fest verwurzelt mit der Erdenmutter, nach Harz und Holz duftend. Ich erinnere mich gerne an sein Zwinkern und wie er mich mit seinem Ellenbogen anstupste, wenn er mich zum Lachen bringen wollte. Oder an die Besuche bei ihm im Wald, nach der Schule, wenn er mir sein Schnitzel schenkte, das die Oma ihm als Jause für die harte Arbeit als Holzknecht eingepackt hatte. Opa hat geraucht wie ein Schlot, zwei Päckchen am Tag, filterlos – im Krieg noch die Selbstgedrehten mit Zeitungspapier. Seine Finger waren gelb vom Rauchen und manchmal stand in der Stube der Rauch so dicht, dass man als Kind nur dann etwas sah, wenn man am Boden spielte. Als der Opa später ins Spital musste wegen seinen Lungenbläschen, da hörte er von einem Tag auf den anderen auf zu rauchen, er sagte dann: »Jetzt hab ich's im Krankenhaus nicht gebraucht, brauch ich's zu Hause auch nimmer!« – und die Oma musste gleich mit ihm aufhören zu rauchen.

Meine Oma ist heute siebenundachtzig Jahre alt, sie ist mir ein großes Vorbild in Sachen Lebensmut und Herzkraft. Als ihre eigene Mutter, nachdem sie sie jahrelang pflegte mit 48 Jahren an Gebärmutterkrebs starb und dabei nicht nur

Oma, sondern noch zwölf weitere Kinder hinterließ, hat Oma ihre 12 kleineren Geschwister mit viel Liebe und unter erschwerten Umständen großgezogen, denn damals war ja auch noch Krieg und die Russen besetzten das Gebiet. Was sie aus dieser Situation lernte war, mit einfachsten Mitteln und viel Humor und einem guten Herzen zu überleben. Ich kenne kaum jemanden, der so ein umfangreiches Wissen über Hausmittel und Heilkräuter, Krankheiten und Schwangerschaften hat. Immer noch kommen einige Bauern aus dem Dorf zu meiner Großmutter, wenn die Tiere im Stall Krankheiten haben und bitten sie um Rat. Und auch ich habe begonnen, meine Großmutter zu fragen, egal ob es um Rezepte, Hausmittel, oder ihre Erfahrungen im Leben geht. Aber auch von meiner Großmutter mütterlicherseits (»Linzer Oma« genannt) habe ich Rezepte und Hausmittel geerbt, in einem alten, handgeschriebenen »Kochbuch«, das ich mir damals ausgesucht habe, als die Linzer Oma ins Altersheim kam wegen schwerer Altersdemenz und Alzheimer. Auch die Linzer Oma wusste mit Heilkräutern umzugehen, ich weiß noch, dass sie sich die Haare mit Brennnesselsud wusch, oder echte Kamille selber pflückte und sie auf Backpapier in der Küche trocknete, um daraus Tee zu machen.

Als ich etwa einundzwanzig Jahre alt war, besuchte mich meine indianische Brieffreundin Nija aus Kanada mit ihrem Mann Augiak. Er war Schamane und Geschichtenerzähler, Speckstein-Schnitzer und Inuit. Nija war Ojibwe-Cree, Gerichtspsychologin und leitete eine Firma in der die Speckstein-Produkte ihres Mannes verkauft wurden. Das Hauptgeschäft lag allerdings nicht in den hübschen Figuren, sondern im Steinstaub, der als Trägermaterial für

Tabletten an die Pharmaindustrie verkauft wurde. Wir besuchten Burgen und Ruinen, lachten und redeten zusammen, gingen essen, besuchten Museen und sie waren sehr angetan von Österreich. Vor allem betonten sie immer wieder, dass wir hier auf kleinstem Raum alles hätten: Ebenen, Berge, Wälder, Städte, Flüsse, und auch das Meer wäre nicht weit weg, während man in Kanada für jede landschaftliche Veränderung stundenlang mit dem Auto fahren müsse. Nach ihrem Besuch luden mich die beiden nach Ontario ein. Für mich war das die Erfüllung meines Lebenstraumes und ich hatte später damit zu tun, mir einen neuen Lebenstraum auszudenken. Kanada war für mich immer so etwas wie das Paradies. Erst dort angekommen, erinnerte ich mich mitten in den Wäldern, zwischen Waschbären und Wölfen, Wildnis und indianischer Spiritualität wieder an meine Wurzeln, an meine Natur. Ich deutete es nur falsch. Am liebsten wollte ich auswandern und dort bleiben. Ich besorgte mir alle Papiere, die man dafür brauchte, hatte auch eine Arbeitsstelle in einem kleinen Laden in der Nähe des Algonquin-Parks gefunden und hätte es beinahe wirklich getan, wenn da nicht die Liebe zu meiner Heimat und zu meiner Familie gewesen wäre. Erst viele Jahre später verstand ich, dass Kanada nur so etwas wie eine »Einrenkhilfe« war. Kanada hat mir geholfen, die Natur in mir wieder zu entdecken. Allerdings suchte ich eine ganze Weile in der falschen Richtung, wobei »falsch« auch nicht ganz stimmt, denn ich habe dadurch vierzehn Jahre lang Zeit gehabt, mich in meinen Fähigkeiten weiterzubilden, sie zu entwickeln, sie zu stärken. Ich las indianische Bücher, suchte indianische Freunde, lernte schamanisch zu reisen, kaufte mir eine Trommel, fuhr zu schamanischen Wochenenden in die

Tiroler Bergwelt, erlebte Krafttiersuchen, Zerstückelungen und Visionssuchen, ließ mir Tiersymbole auf den Körper tätowieren und lernte Schamanen und Heiler und solche die sich dafür hielten aus der ganzen Welt kennen. Ich gründete ein eigenes Internetforum und lernte wirklich viel über Licht und Schatten, Magie und Natur, Träume und Gebete, veranstaltete Schamanentreffen bei mir zu Hause, lebte durchgehend in zwei Welten. Mit einem Bein in der Geistwelt, mit dem anderen Bein in der Realität. Vierzehn Jahre lang letztendlich. Ich hatte so viele verschiedene Techniken und Rituale kennen gelernt, die aus genau so vielen Richtungen und Ländern kamen, dass ich am Ende nicht mehr wusste, wo ICH mich darin wieder finden konnte, was MICH ausmachte, was MEINE Technik war und wo MEINE Wurzeln lagen. Ich wollte keine spanischen Gebete lernen und keine mexikanischen Rituale machen, ich wollte auch keine Götter anbeten deren Namen mir nichts sagten. Aber auch mit meiner katholischen Herkunft konnte ich nichts mehr anfangen, ich trat aus der Kirche aus und wollte endlich wissen, was MEIN Ursprung ist.

Zu der Zeit war ich etwa 6 Jahre verheiratet und lebte in Oberösterreich. Nach meiner Scheidung 2001 zog ich dann reichlich durcheinander gewirbelt mit meinen Kindern wieder zurück in meine Heimat, in mein kleines Dorf in den Bergen. Meine Tochter sah damals den grünen Fluss und sagte: »Mama, ich bin verliebt in die Ybbs. Ich will hier nie wieder weg!« Ich hatte eine schöne Wohnung direkt am Flussufer gefunden und mein Großvater brachte mir mein erstes Holz damit ich die Öfen warm einheizen konnte. Er saß damals grinsend in meinem neuen Wohnzimmer und sagte: »Hier kannst du ja TANZEN so groß ist das!« Er kaufte mir zum Einstand eine große Schachtel mit Lebensmitteln, Salz, Mehl, Butter, Zucker und Milch und wenige Wochen später starb er in den Armen meiner Großmutter. Ich war zurückgekommen und er ging fort. Das Hämmern der Hammerwerke war ebenso verschwunden, die Hämmer nur noch Erinnerung an früher. Nija und Augiak besuchten mich ein letztes Mal; es gab Probleme, das war deutlich zu spüren, denn Augiak trank Alkohol und rauchte, was nicht zu ihm passte. Die heile Welt schien sich zu verändern. In welche Richtung auch immer. Aber sie war nicht mehr so, wie sie meiner Meinung nach sein sollte. Nun spürte ich den Takt der Erde, das Klopfen der Heimat in meinem Herzen. Ganz deutlich. In dem Moment wurde mir klar, wo MEINE Wurzeln lagen. Sie lagen da, wo meine Ahnen begraben sind. Wo ich geboren wurde und aufgewachsen bin. Da, wo die Bäume mich grüßten und die Felsen der Berge mir zulächelten. Ich war zu Hause angekommen. In mir. Und trotzdem sollte meine »Lehrzeit« noch nicht zu Ende sein. Ein Teil fehlte noch. Denn da gab es noch diese Faszination von den Abgründen der Menschen, die mich schon in frühester Jugend begleitete. Es zog mich immer wieder zu Menschen die schwarzmagisch arbeiteten. Ich las Bücher über Serienmörder und schrieb Briefe an Schwerverbrecher in Gefängnissen, interessierte mich auch für die dunkle Seite der Magie, obwohl ich nie jemandem schaden wollte sondern einfach nur neugierig war. Ein lieber Freund beschrieb es einmal so, dass ich mir gerne die Finger verbrannt habe. Diese Neugier kostete mich eines Tages beinahe mein Leben. Ich hatte eine Gruppe junger Santeria-Anhänger kennen gelernt, die diese ursprünglich afroamerikanische

Hauptreligion der Kubaner in Deutschland ausübten, allerdings in ihren Beweggründen nicht unbedingt auf Heilung und Licht aus waren, sondern eher auf Macht und Manipulation, was mir damals nicht in mein Weltbild passte und weswegen ich einen naiven Streit mit diesen Menschen einging, der dazu führte, dass ich mir einige Feinde machte. Es führte so weit, dass ich beschimpft und bedroht wurde. Ich war zu diesem Zeitpunkt schwanger mit meinem dritten Kind. Natürlich könnte man sagen, es war Zufall, dass sich eine von den Santeria-Anhängerinnen gerade einen Tag vor der Geburt meines Kindes für falsche Beschuldigungen bei mir entschuldigte und mich scheinheilig nach dem Geburtsdatum fragte. Aber noch während ich gutgläubig erzählte, wann das Kind zur Welt kommen würde, spürte ich schon, dass es ein Fehler war, ihr das zu sagen, denn nun wusste die Gruppe, wann ich nicht in meiner Kraft sein würde und unfähig sein würde, mich zu wehren gegen schwarzmagische Angriffe. Obwohl ich bestens auf die Geburt vorbereitet war und mit dem Einsetzen der Wehen erst mal alles rund um mich herum vergaß, ging dann doch alles schief. Erst wollten keine richtigen Wehen kommen, weshalb ich die Hausgeburt absagen und ins Krankenhaus fahren musste. Dann war ich zu erschöpft, um mit den eingeleiteten Wehen noch richtig mit zu pressen, ich wollte nur noch schlafen. Dann wurden plötzlich die Herztöne des Kindes schwach, es kam Hektik auf, Schwestern, Hebammen, Ärzte, der Kreißsaal war plötzlich voll von Menschen und zuletzt musste ich geschnitten und das Kind mit einer Saugglocke geholt werden. Glücklicherweise war das Kind gesund und anfangs dachte ich auch, dass ich gesund wäre. Doch es stellte sich bald heraus, dass etwas mit mir nicht stimmte.

An einer Wand aus milchig weißem Licht
schaukeln tausend dunkle Blätterschatten
still im Wind.

In deiner Hand die Lilienblüte bricht
in glitzernd spitze Spiegelscherben,
in der Ecke weint ein Kind.

Umgeben nur von dunklem Land,
du siehst den Himmelsbogen nicht,
ein Irrlicht leuchtet dir den Weg.
Du stehst am Rand,
der schwarze See bricht schwach das Licht,
ein moosbewachs'ner morscher Steg.

Deine Schritte, tiefer, tiefer,
in das dunkle Wasser gleiten,
in deinen Augen:
– raumlos
– traumlos

Weltenweiten ...

Fünf Tage nach der Geburt, ich war gerade alleine mit dem neugeborenen Baby zu Hause, bekam ich plötzlich furchtbare Unterleibsschmerzen. Erst dachte ich, es wären Nachwehen. Da die Hebamme wenige Minuten zuvor noch bei mir war und von psychischen Problemen sprach, die bei mir leichtes Fieber und Schüttelfrost und Schmerzen beim Stillen verursacht haben sollen, wollte ich nicht wehleidig erscheinen und biss die Zähne zusammen. Ich saß in meinem

Wohnzimmer auf dem Sofa, hielt den Gummibund meiner Umstandshose mit beiden Daumen weg vom Körper, weil alleine die Berührung des Stoffes derartige Schmerzen verursachte, dass ich weinte und jammerte. Irgendwann konnte ich mich wegen der rasenden Schmerzen nicht mehr bewegen, ich konnte mein mittlerweile schreiendes Baby nicht auf den Arm nehmen, saß nur da und wartete, wimmerte und heulte und hoffte, dass bald jemand von meiner Familie nach Hause kam und mir sagen würde, was zu tun sei. Als ich die Schmerzen nicht mehr ertragen konnte, rief ich meine Mutter an und bat sie, die Dorfärztin zu mir zu schicken. Als diese bei mir eintraf hatte sie keine Tasche dabei und konnte mir nur Tropfen zur Beruhigung geben. Sie wusste auch nicht, was mit mir los war und rief den Notarztwagen.

Ich wurde dann eine halbe Stunde später aus dem Haus getragen und mit Blaulicht und Sirene ins Krankenhaus gebracht, wo ich untersucht wurde. Zu diesem Zeitpunkt war ich soweit weggetreten, dass ich Gesichter und Fratzen in Gelb und Violett sah, der Raum sich plötzlich dehnte, weit und weiß wurde, es war angenehm und ich fühlte mich leicht und frei. Dann zog sich plötzlich alles zusammen, der Raum wurde eng und schwarz und ich bekam Angst und dachte so bei mir: »Die Kinder brauchen mich doch! Ich muss zurückgehen!« Und dann drehte ich mich um und ging zurück, hörte jemanden rufen: »Können Sie mich hören? Hallo?« … machte die Augen auf, sah meinen Mann weinend neben meinem Bett stehen und fragte ihn: »Warum weinst du denn?« Wenig später erfuhr ich, dass ich Kindbettfieber hatte. Eine Krankheit, die laut meiner Tochter, so hatte sie es in der Schule gelernt, als ausgestorben galt. Ich war der lebende Beweis, dass die Krankheit noch immer existiert. Eine Krankheit, die früher bewirkte, dass die Sterblichkeitsrate bei Wöchnerinnen in Krankenhäusern zwischen fünf und dreißig Prozent lag. Ausgelöst durch Keime, die in die Gebärmutter gelangten, weil damals noch niemand etwas von Hygiene wusste und dieselben Hände Leichen sezierten, die in einem anderen Zimmer Kinder zur Welt brachten, – ohne vorher mit Seife in Berührung gekommen zu sein. Erst ein Arzt namens Ignaz Semmelweis bemerkte den Zusammenhang und erklärte, dass Sauberkeit keine unnötige Zeitverschwendung sei, sondern unhygienische Zustände schuld seien am Tod von abertausenden Wöchnerinnen und Säuglingen. Leider sahen das damals viele Ärzte als Angriff und Semmelweis wurde für seine Aussagen öffentlich angefeindet und erkrankte schließlich psychisch, bevor er 1865 ohne Diagnose und vermutlich durch eine Intrige in die Irrenanstalt Döbling bei Wien eingeliefert wurde, wo er zwei Wochen nach seiner Einweisung an einer Blutvergiftung starb.

Wie auch immer mein Kindbettfieber zustande gekommen war, ich habe nie nachgefragt oder jemanden verdächtigt. Ich blieb dann noch 10 Tage mit Unmengen an Medikamenten und hohen Entzündungswerten im Krankenhaus, musste abstillen und habe viel geweint weil ich gerade in den wichtigen ersten Tagen so wenig mit meinem Baby zusammen sein konnte und mein Traum von einer ruhigen, spontanen Hausgeburt und harmonischem Stillen geplatzt war. Als ich wieder halbwegs Kraft gesammelt hatte, bat ich einige Freunde darum, in schamanischen Reisen herauszufinden, was die Ursache für dieses Geschehnis war, ohne ihnen von den Santeria-Jüngern zu erzählen mit denen ich gestritten hatte. Unabhängig voneinander machten zwei Freunde – einer aus Deutschland und einer aus der Schweiz, schamanische Reisen zum Ursprung meiner Erkrankung. Und unabhängig voneinander führte der Ursprung nach Hamburg. Und in Hamburg lebten diese Menschen. Für mich war alles klar. Es war ein Angriff, der tödlich enden sollte und nicht ganz gelungen ist. Ich kannte so eine Art von Angriff aber auch von einem Freund, der beruflich in Kuba zu tun hatte, dort eine Ausbildung zum Voodoo-Priester machte, in Volltrance lebende Hühner verspeiste und sich mit dem Sohn einer Voodoo-Priesterin angelegt hatte. Fakt ist, dass dieser Freund den Angriff zwar auch überlebt hat, aber nur durch mehrere Operationen, denen ein künstlicher Darmausgang folgte, sowie Gesichts- und Körperlähmungen und eine ärztlich bestätigte 70%ige Körperbehinderung. Ich lernte ihn damals kennen, als er gerade in einem Rehabilitationszentrum wieder laufen lernte, abgemagert auf 50 Kilo (vorher hatte er über 90 Kilo). Er hat sich mittlerweile völlig zurückgezogen und will mit Spiritualität, egal welcher Art, nichts mehr zu tun haben. Vielleicht zeigen diese Erfahrungen, dass man durch das Interesse an der dunklen Seite und persönliche Erlebnisse mit ihr konkret lernen kann.

die letzte melodie ...

da spielte ich die letzten melodien
auf meinem lungenflügel
und tausend spiegelscherben
zeigten mir, was einmal war.
da schwebte ich durch weissen weiten raum
und spürte deine tränen kaum,
da wurde alles eng und schwarz und fratzen lachten
und die weltenfrau war mir ganz nah.
»willst du schon gehn?«
das kinderlachen hat mich umkehrn lassen
zurück, zurück! wir brauchen dich doch noch!
und als ich dich an meiner liegstatt weinen sah,
da war ich blaugestochen und ich verschwand
in einem schwarzen loch.
auf meinem lungenflügel spielte ich
die letzte melodie
und deine tränen tropften in mein haar.
ich wachte auf, ich weinte mit dir
und fand mein leben plötzlich wunderbar.

Kapitel 6
DAS WIRKEN VON GEDANKEN

wenn du dein herz versteckst
kann es nicht strahlen.
und wenn es nicht strahlt,
findest du deinen weg nicht.

Wenn gute Gedanken, Gebete und gute Absichten helfen können, etwas Gutes zu bewirken, dann ist es bestimmt auch möglich, dass schlechte Gedanken, Flüche oder Verwünschungen Unheil anrichten oder töten können. In südlicheren Gefilden wie Bosnien, Kroatien usw. ... werden neugeborene Babys oft erst nach drei Tagen den Verwandten gezeigt, weil man glaubt, dass durch die Augen (die in den ersten Tagen noch das Universum in sich tragen und in die Seele blicken lassen) böse Blicke, schlechte Wünsche oder Flüche in die Seele dringen können und dem Kind schaden können. Bei allen Arten von Schadenszauber und schwarzer Magie, Manipulation usw. ... braucht man aber nur ein Foto der Person, ein paar Haare, den Namen, oder irgendein Kleidungsstück. Dieselbe Kraft die heilt, kann auch töten. Vielleicht ist das auch der Grund, weshalb Heiler wie Hexen immer gejagt wurden. Es ist schwer, als Laie zu erkennen, wer nun mit den falschen Absichten arbeitet und wer gute Absichten hat. Dazu müsste man ins Herz des Menschen sehen können. Wer mit unlauteren Absichten, Macht und Manipulation arbeitet, der verwendet dieselben Kräfte wie ein Heiler. Ein Curandero, ein Schamane, oder sonstige Menschen die heilen können, können genauso gut töten. Die Kraft ist dieselbe. Man sollte sich also gut ansehen, wem man vertraut und zu wem man geht. Dunkle verwenden ihre Kraft nicht zu Heilzwecken, sondern um zu schaden, um Macht zu erlangen, um zu manipulieren oder damit Geld zu verdienen, Menschen abhängig zu machen oder um Selbstbestätigung zu erlangen. Ich habe in meinem Leben immer wieder solche Menschen getroffen, oft behaupten sie, nichts mit Magie zu tun zu haben, manche machen es vielleicht auch unbewusst, aber viele davon richten enormen Schaden an, einige davon ganz bewusst. Und immer wieder bin ich auch auf solche Menschen hereingefallen, weil sie wirklich gut verstehen, sich zu verkaufen. Meiner Meinung nach, gibt es trotzdem einige Anzeichen, die verraten, ob ein Mensch aus dem Herzen heraus wirkt oder nicht: Menschen die NICHT aus dem Herzen heraus wirken, verlangen oft viel Geld, machen großes Trara, reden viel und können beeindrucken durch geschickte Worte und viel Getöse. Sie machen andere klein, um selbst stark sein zu können und provozieren, um Kraft zu entziehen, weil man sich genötigt fühlt, darauf zu reagieren und so an Kraft verliert. Oftmals haben sie selber starke Probleme und entziehen dem Klienten Kraft, weil sie die für sich selbst brauchen. Sie geben also nur vor, zu heilen und in Wirklichkeit ziehen sie Energie ab. Aus diesem Grund habe ich nach dem Kindbettfieber nicht nur beschlossen, bewusst im Licht zu bleiben und meine Kräfte nur für Heilungszwecke zu nutzen, sondern auch gut mit meiner Kraft zu haushalten und mich nicht mehr einschüchtern oder provozieren zu lassen von solchen Menschen. Auch untätige Jammerer habe ich aus meinem Leben gestrichen. Menschen, die jammern um Aufmerksamkeit zu erhalten, aber nichts dafür tun wollen, etwas an ihrem Leben zu ändern, rauben mir nur Energie und jede Reaktion ist reinste Kraftverschwendung. Ein Beispiel: Eine Frau sagt mir, dass sie ein gesundheitliches Problem habe und Tabletten nehmen müsse. Ich sage ihr, dass ich dasselbe Problem einmal hatte und erkläre ihr, wie ich es geschafft habe, es ganz einfach loszuwerden. Eine ganz einfache Übung. Die Frau antwortet: »Ich bleibe lieber bei der Schulmedizin und nehme weiterhin Tabletten«. Gut. Jemand nimmt lieber freiwillig Tabletten als etwas an sich selbst oder seiner Einstellung sich selbst gegenüber zu ändern. Das ist eine klare Entscheidung. In diesem Moment nehme ich all meine Kraft aus der Geschichte. Die Frau braucht keine Hilfe. Sie braucht mich nicht. Jede weitere Hilfe wäre verschwendete Energie. Das bedeutet aber nicht, dass die Frau eine falsche Entscheidung getroffen hätte! Es gibt weder Richtig noch Falsch. Die Dinge sind, wie sie sind. Wir können sie in jedem Moment verändern.

Ich habe außerdem aufgehört, die dunklen Aspekte der Kraft wegzuschieben. Ich habe beschlossen, sie mit einzubeziehen, daraus zu lernen, den Dämonen in die Augen zu schauen und dabei im Herzen zu bleiben. Ich habe keine Angst mehr vor dem Tod. Und ich habe auch keine Angst mehr vor Angriffen. Ich bin auch niemandem böse deswegen und lasse die Menschen so wie sie sind, ich habe allen Menschen wirklich von Herzen verzeihen können, weil ich weiß, dass ich etwas zu lernen hatte und es wichtig war für meinen Weg der bewussten kraftvollen, verantwortungsvollen Anwendung meiner Gabe. Das war für mich der Moment, wo ich meine Kraft wieder spürte. Wo ich die Natur in mir nicht nur gefunden hatte, sondern sie auch spürte und einsetzen konnte und klar fokussieren konnte. Das war der Zeitpunkt, wo ich genau wusste, wie ich wirken will in der Welt, welche Mittel mir dazu zur Verfügung standen und wo meine Mitte war. Schließlich konnte ich niemanden kontrollieren. Weder ließen sich meine Freunde kontrollieren, noch meine Feinde. Ich konnte meine Eltern nicht kontrollieren und auch nicht meine Nachbarn, die Leute, die mir auf der Straße begegnen oder sonst jemanden. Es gibt nur EINEN den ich kontrollieren kann und das bin ICH SELBST. Ich bestimme, was ich an Energie in mich rein lasse oder was ich aussende und raus lasse. Ich selbst bestimme, welche Worte ich in meine Ohren lasse, welches Wirken ich in meinen Körper lasse, welche Berührungen ich zulasse, welche Kraft ich an mich ran lasse. Das ist alles, was ich kontrollieren kann. Und als ich das erkannte, lernte ich die Frau kennen, die mich zur Wenderin werden ließ.

Kapitel 7
WENDER

Der Begriff »Wender« kommt von (Unheil/Krankheit) »abwenden«, »wegwenden« und bezeichnet eine geistige Form des Heilens, die sowohl bei Menschen als auch bei Tieren angewendet wird. Die Krankheiten werden praktisch »gedanklich umgeleitet«, weggeleitet, abgewendet. Die heilerische Tätigkeit befasst sich nicht unbedingt (nur) mit den bereits körperlich sichtbaren Krankheitszeichen, sondern auch mit dem seelischen Ursprung oder der Vorbeugung, bevor sie körperlich werden. Die körperlich sichtbare Krankheit ist ja schon das Endprodukt, das, was der Körper als letzten Ausweg nach außen hin zeigt. Sich schon an der Wurzel selbst zu heilen und in sich, in seiner Mitte, in seiner Kraft zu bleiben, um gar nicht erst krank zu werden, wäre eigentlich sinnvoller. Man hat aber verlernt, in seiner Natur zu sein, im »Reinen« mit sich und der Umwelt. Viele Menschen empfinden es als einfach, zum Arzt zu gehen, wenn die Krankheit schon da ist und sich dann ein Medikament geben zu lassen. Sich schon im Ursprung um die eigene Gesundheit zu kümmern, empfinden sie aber als »anstrengend« – dabei ist das eine Form der Selbstverantwortung bzw. Eigenverantwortung, die auch ein Stück Freiheit in sich birgt. Die Verantwortung an Ärzte und Krankenhäuser abzugeben ist NICHT der leichtere Weg! Vor allem macht man sich damit abhängig von Krankenversicherungen und Ärzten, Medikamenten und Therapien usw. Wer lernt, für sich selbst verantwortlich zu sein, der wird bald merken, dass das weniger Aufwand ist, weniger Geld kostet, mit einfachen Mittel zu bewerkstelligen ist und vor allem sehr viel naturverbundener ist.

Im Mostviertel/Niederösterreich sind die Wender noch sehr verbreitet. Wender nennt man im deutschsprachigen Raum auch »Böter, Rater, Beschreier, Berufer, Abrufer, Abbitter, Bitter oder Beter« usw. – aber bei uns in der Region Ybbstal/Niederösterreich sagt man »Wender«. Schriftliche Aufzeichnungen reichen zurück bis ins 12. Jahrhundert. Die Wender sind so etwas wie die traditionellen Heiler der Region, so wie es die Curanderos in Mexiko oder die Schamanen in Sibirien sind. Die Ursprünge der Methoden der Warzenwender findet man in der landläufigen Volksmedizin und sie wurzeln in Religion und Glauben. In Deutschland werden die Wender auch »Knochenbrecher« genannt, bei uns gibt es den Begriff »Knocheneinrenker«. Sie besitzen ein reichhaltiges Repertoire an Ritualen, Schutzzaubern, Gebeten und Zaubersprüchen, Salben, Heilmethoden, Heilkräuterwissen und sind häufig auch als Radiästheten/Wünschelrutengänger tätig.

Die Alten haben die Wender akzeptiert, sie sind genauso vertrauensvoll zum Wender gegangen wie zum Arzt. Der Wender ist also nichts neumodern-esoterisches, damit könnten die Alten heute in der Gegend nicht viel anfangen und da sind sie auch sehr skeptisch. Der Wender ist und war akzeptiert. Er hat hauptsächlich Warzen weggewendet. Er konnte aber auch genauso gut Überbeine wegwenden, Krankheiten abwenden, Probleme oder seelische Verstimmungen wenden. Und er musste dazu nicht einmal den direkten Kontakt zum Kranken haben. Es genügte, wenn man den Wender anrief, ihm den Namen der Person sagte, das Leiden erklärte und der Wender dann aus der Ferne arbeitete. Ich habe auch von Wendern gehört, die man besuchte, der Wender und die kranke Person saßen schweigend, ohne sich zu berühren eine Weile im selben Raum und dann verließ der Wender den Raum und nahm die Krankheit mit. Meine Großmutter kannte noch zwei alte Wender. Der eine lebte in Opponitz im Ybbstal und wenn er jemandem die Hand gab, dann drückte er fest zu, sodass man erschrak und schaute einem eindringlich in die Augen dabei. Und wenige Tage später waren die Warzen die man auf den Händen hatte verschwunden. Ein anderer Wender aus demselben Dorf war gleichzeitig der Mesner in der Kirche. Als meine Großmutter ihn einmal auf dem Weg ins Dorf traf, da sagte sie zu ihm: »Nau du wirst amoi in Hümmi kumma, wennst immer so brav in'd Kirch'n gehst!« Da lachte der alte Wender und sagte: »Wenn i amoi in Hümmi kumm, dann schau i auf di owa und schau, ob'st eh brav in'd Kirch'n gehst!« (»Na, du wirst einmal in den Himmel kommen, wenn du immer so brav in die Kirche gehst.« – »Wenn ich einmal in den Himmel komme, dann sehe ich auf dich herunter und prüfe, ob du auch brav in die Kirche gehst.«)

Meine Großmutter war früher wohl so etwas wie eine »Kräuterfrau« gewesen, die sowohl für Tiere als auch für Menschen allerlei Heilkraut wusste. Sie machte Salben selber, setzte Tinkturen an, wusste jede Menge Hausmittel und Rezepte. Immer standen irgendwo Flaschen mit Arnikatinktur oder Johanniskrautöl herum. Die Bauern kamen zu ihr und baten sie um Rat. Sie hat die Fähigkeit, richtige Wender von falschen Heilern zu unterscheiden. Sie sagt, wenn sie an einem falschen Heiler vorbeigeht, dann nimmt sie seine Kraft mit, weil sie dann selber stärker ist. Bei einem echten Wender geht das nicht, weil der mehr Kraft als sie hätte. Mir war es deshalb wichtig, den »Segen meiner Großmutter« zu bekommen, was das Wenden betrifft. Als sie mir eines Tages weiße Schneiderkreide schenkte, die ich »zum Wenden brauchen werde« wie sie sagte, da musste ich vor Freude lächeln, denn es war für mich der Segen, den ich so sehr erhoffte. Damit bezeugte sie meinen Weg. Es war mein Zeichen, mein gutes Omen, die Nachricht, dass die Ahnen es gutheißen was ich mache.

Wender haben dutzende Sprüche bzw. kurze Gebete, die sie je nach Krankheit anwenden. Sie arbeiten mit dem zunehmenden oder abnehmenden Mond und sie sagen dazu die Sprüche, die sie vererbt bekommen haben. Ursprünglich wurde diese Kunst – und auch die Sprüche – nur vom Vater an den Sohn oder von der Mutter an die Tochter weitergegeben. Aber da sich die Jungen immer weniger für die alten Heilkünste interessierten, wurde es irgendwann auch an Leute weitergegeben die nicht zur Familie gehörten. Ein Wender prüft aber trotzdem sehr genau, wem er die Kraft weitergibt, es ist nicht ein jeder geeignet! Eine wichtige, ausschlaggebende Eigenschaft eines angehenden Wenders ist wohl, dass er viel HERZKRAFT haben muss. Ein Wender, der kein Herz für andere Menschen hat, ist nicht geeignet Wender zu werden. Und man darf nicht vergessen, dieselbe Kraft die heilt, kann eben auch töten. Kraft ist Kraft, es kommt nur auf die Anwendung an. So gesehen, ist es wichtig, jemanden zu finden, dem man zutraut, dass er auch in größter Not immer nur zum Wohle aller handelt. Und davon gibt es nicht so viele. Die Meisten sind ja doch nur auf den eigenen Nutzen bedacht, viele Heiler hätten vielleicht die Kraft, wollen aber damit Geld verdienen und beides auf einmal ist nicht möglich. Wer sich an dieser Kraft bereichern will oder sie nutzen will um Macht zu erlangen, oder um jemandem damit zu schaden, der ist nicht geeignet Wender zu werden. Darum sagt man auch, Wender kann man nicht werden – entweder man HAT die Kraft, oder man hat sie eben nicht. Wenn man also den Willen hat, ein Wender zu werden, dann muss man erst einmal einen Wender finden, der bereit ist, einem den Segen dafür zu geben, die Sprüche weiterzugeben, die »Kraft« weiterzugeben, bzw. sie zu »erwecken«, denn sie ist ja schon da. Und dann darf man auch nicht blind einfach alle Sprüche und Gebete übernehmen, sondern man liest sich ein Gebet gut durch, fühlt nach, wie es sich »anspürt«, und dann beginnt man in einem kleinen Büchlein alles so niederzuschreiben, wie es sich für einen selbst am besten anfühlt. Nicht ein jeder Heiliger passt zu einem selber. Und nicht jeder Spruch ist so geschrieben, wie die Muttersprache es gelehrt hat. So schreibt man sich seine Sprüche also am Besten in seinem eigenen Dialekt, in seiner eigenen Sprache mit eigenen Worten und mit den eigenen Heiligen nieder, sodass es sich gut anfühlt. Und wenn man so einen Spruch dann sagt, dann hat er auch Kraft. Mitunter träumt man in diesen ersten, wichtigen, aufregenden Tagen von den Sprüchen, oder es kommen vor dem Einschlafen oder nach dem Aufwachen welche zu einem. Dann ist es gut, immer das Schreibzeug neben dem Bett liegen zu haben und alles gleich aufzuschreiben. Es kommen dann die richtigen Sprüche zu bestimmten Krankheiten. Ich selber konnte zum Beispiel nichts anfangen mit den Sprüchen die zu sehr kirchlich waren. Da ich aus der Kirche ausgetreten war, war es mir innerlich zuwider, wenn ich sagen sollte: »Im Namen des Vaters und des Sohnes und des Heiligen Geistes. Amen.« Also schrieb ich mir diesen Satz so um, dass er zu mir passte. Der neue Satz lautete: »Im Namen aller leuchtenden Wesen, in allen Wirklichkeiten und allen Ebenen, so soll's sein!« Ich habe damals meine Sprüche von einer deutschen Böterin/Raterin bekommen, mit dem Hinweis, dass ich mir alle in meiner eigenen Sprache handschriftlich in ein Büchlein schreiben solle. Es gab Tage, da habe ich stundenlang innerlich und vor mich hin murmelnd Sprüche aufgesagt, auswendig gelernt und geübt. Ich habe zuerst an mir selbst geübt, achtete auf den Mondstand, lernte auch die Mondsichel nach abnehmend oder zunehmend zu deuten, begann mich überhaupt erst einmal für den Mond zu interessieren. Ich lernte, dass die abnehmende Sichel wie ein altes »A« aussah, während die zunehmende Mondsichel wie ein altes »Z« aussah. So merkte ich mir, ob der Mond gerade ab- oder zunahm. Und sobald ich Durchfall, Magenprobleme oder ein Überbein hatte, probierte ich meine Sprüche und Gebete an mir selbst aus und beobachtete, wie sie wirkten. Manchmal waren es schwierige Sprüche und Gebete, die ich mir nicht gut merken konnte, andere waren kurz und knapp, wie zum Beispiel: »A Ruah is! Gnua is!« (»Ruhe ist! Es ist genug!«) bei Magen-Darm-Grippe. Dabei machte ich ein gleichschenkeliges Kreuz mit der Hand über dem Bauch und ließ sie dann in der Mitte des Kreuzes eine Weile auf dem Bauch liegen. Man kann auch die Gebete eines alten Wenders vererbt bekommen, allerdings nur, wenn der Alte sie nicht mehr benutzt, weil er keine Kraft mehr hat. Oder wenn er gestorben ist. Dann kann man sie verwenden. Ansonsten schreibt jeder Wender seine eigenen Gebete auf, sie haben die meiste Kraft.

Später kamen dann die Familienmitglieder dran, die Kinder und mein Mann. Danach Freunde und Bekannte und irgendwann wurde ich im Dorfladen darauf angesprochen und Eltern fragten um Hilfe für ihre Kinder. Ein Musiker der E-Gitarre spielte konnte in zwei Wochen sein Überbein loswerden, eine Großmutter ihr Gerstenkorn am Auge, eine andere Dorfbewohnerin verlor Warzen auf ihrer Hand, sogar Zysten sind innerhalb von wenigen Tagen verschwunden und mussten nicht operiert werden. Erst als es schon öffentlich bekannt war, dass ich Wenderin bin, gab meine Oma mir mit ihrem Geschenk und ihren Worten den Segen dazu. Und schenkte mir weiße Schneiderkreide, die ich fortan benutzte. Andere Wender mögen Halme aus Stroh oder kleine Holzstäbchen verwenden, wieder andere streichen mit der bloßen Hand über Warzen und Wunden und sagen dazu ihre Gebete auf, murmeln sie, flüstern sie oder schreien sie, je nach Charakter und Art des Wenders. Ich schnitze zwar schon einige Zeit an einem kleinen Holzstäbchen, weil mir die auch gut gefallen, aber bisher benutze ich die Schneiderkreide. Das sind diese flachen Kreidestücke, die die Schneiderinnen verwenden um den Stoff anzuzeichnen, wenn sie die Vorlagen nachmalen. Weiß soll sie wohl deshalb sein, weil weiß eine heilige Farbe ist, die alle anderen Farben beinhaltet (so wie ein Bergkristall das ganze Spektrum des Regenbogens in sich vereint), aber auch symbolisch REINHEIT darstellt. Sie säubert alles, was nicht REIN ist und hilft somit bei Krankheit und Schmerz. Angeblich soll es auch helfen, Warzen mit dem Schleim einer schwarzen Schnecke einzureiben und die Schnecke danach auf einem dornigen Busch aufzuspießen, solch radikaler Methoden bediene ich mich allerdings nicht. Eine häufig gesehenes Ritual, um Warzen zu wenden ist es, sie mit etwas zu »bestreichen« und danach den Gegenstand (ein Stück Holz, Stroh, Zwirn, eine Bohne die zu Vollmond gepflückt wurde, einen Stein oder sonstiges) in der Erde zu vergraben oder in einen Brunnen, in ein fließendes Gewässer zu werfen, das die Warzen mitnehmen soll. Bis zum Neumond ist die Warze dann verschwunden. Es gibt auch etwas üblere Methoden, bei denen man die Warzen jemand anderem anhängt. Zum Beispiel soll man auf einen Friedhof gehen, wenn dort Tratschweiber in einer Gruppe zusammen stehen, und im Vorbeigehen soll man sagen: »Trotschweiba nehmt's d'Warzen mit!« Oder wenn jemand fragt: »Hast du Warzen?«, dann soll man antworten: »Ja, ich schenk sie dir,« und dabei mit der Hand über die Warzen streichen in Richtung der Person, die die Frage gestellt hat. Man kann aber die Warzen auch zählen, mit einem weißen Zwirnsfaden die entsprechende Anzahl Knoten machen und den Faden danach unter der Regenrinne oder in einem Misthaufen vergraben. Aber auch wenn das Wenden fast immer klappt, gibt es Situationen, wo es einfach nicht funktioniert. Ein alter Wender sagte dazu einmal: »D' Leit miassn oft scho a zammpassn!« (Also Wender und Klient müssen schon auch eine Sympathie füreinander haben.)

Übrigens: Wenden kann man auch wenn man nicht religiös ist – was ein Hinweis auf vorchristliche Wurzeln der magischen Handlung zu sein scheint; andererseits sind aber Gebete als heilende Formeln beim magischen Ritus ebenfalls wirksam und es hat sich so eingebürgert, dass alle möglichen Heiligen angerufen werden, die für verschiedene Probleme zuständig sind.

Die Formeln und Sprüche verlieren ihre Wirkung, wenn zu viele Menschen die selben verwenden! Abgedruckte oder leichtfertig weitergesagte »Besprechungen« sind deshalb unbrauchbar. – Am besten eignen sich selbst entwickelte, die man in Träumen oder Visionen erfahren hat, handgeschrieben in ein kleines Büchlein und es sollen auch immer neue geschrieben werden, damit sie ihre Kraft nicht verlieren. Wenn man nun einen Wender fragt, wie er genau wirkt, dann wird wohl ein jeder Wender etwas anderes erzählen, ganz abhängig davon, ob er ein gläubiger Christ oder ein Wurzelsepp und Einzelgänger ist, welchen Charakter er hat oder welchen Lebensweg er gegangen ist. Da mein persönlicher Weg schon sehr geprägt war von den eingeborenen Kanadiern, Nordamerikanern und Mexikanern, ist auch mein Wirken als Wenderin nicht typisch österreichisch, sondern enthält auch Elemente dieser fernen Kulturen. Es wäre für mich, als ob ich nur eine Seite der Medaille betrachten würde, wenn ich nur die Hälfte der mir zur Verfügung stehenden Formen der Kraft anwenden würde. Früher sagte man auch »Viel hilft viel!« also verwende ich alles, was mir untergekommen ist. Allerdings ausnahmslos in meiner Sprache, mit unseren Pflanzen, mit unseren Heiligen, auf meinem Heimatboden, gestützt durch meine Familie und meine Ahnen, verbunden mit den Bergen und Flüssen und Wäldern und Geistern des Ybbstals. Ich wandle einfach alles so um, dass es im **HIER UND JETZT** wirkt. So habe ich meinen Weg gefunden.

Der Mensch ist das »heilige Kind«, das zwischen Vater Himmel und Mutter Erde wandelt. Ich stelle mir jeden Menschen mit einer Achse vor, die ihn nach unten hin mit der

Mutter verbindet und nach oben hin mit dem Vater. Wenn der Mensch ganz in seiner Mitte ist, in seiner Kraft ist, in seinem Herzen ist, dann ist diese Achse gerade, führt mitten durch den Körper des Menschen und versorgt ihn mit innerem Licht für alle seelischen Belange und mit innerer Kraft für alle körperlichen Belange.

Die Achse wird von oben mit Kraft gefüllt die von Vater Himmel kommt. Und von unten wird sie mit Kraft gefüllt die von Mutter Erde kommt. Ist die Achse also gefüllt, dann ist der Mensch gesund und klar und kräftig. Ist ein Mensch aber krank, dann stelle ich ihn als Wenderin wieder dorthin, wo er hingehört und bringe ihn wieder in seine eigene Natur zurück, rücke ihn zurecht. Ich bringe ihn in Zusammenhang mit dem Mond, mit der Erde, mit dem Himmel, mit der Heiligkeit. Und damit rücke ich alles wieder an den Platz, wo es hin gehört. Ich spreche ein Gebet für die Heiligkeit der Dinge (für den Menschen, die heilige Mitte.) Ich bitte den zunehmenden oder abnehmenden Mond um Hilfe. Damit verbinde ich den Menschen mit den Gezeiten. Mit Ebbe und Flut, mit den Mondzyklen, mit der Kraft der Planeten. Ich stelle also die Verbindung her zwischen Mensch und OBEN. Mit Vater Himmel. Und ich verwende die weiße Kreide und Holzstäbchen, Federn oder auch Rauch, den ich mit Rinde oder Harz oder Kräutern erzeuge und stelle so die Verbindung mit der Mutter her. Mit der Erde. Mit dem UNTEN. Somit habe ich alle drei Ebenen wieder in eine Linie gebracht. Unten, Oben und die Mitte. Die Achse ist dann wieder gerade, die Kraft, das Licht in der Achse kann wieder frei fließen und der Mensch gesund werden. Von ganz allein befindet sich dadurch auch der Mensch wieder an der richtigen Stelle, die ihm zugedacht ist: Zwischen Vater Himmel und Mutter Erde. Das wirkt heilend. So ist der Mensch in seiner Mitte, in seiner Kraft, in seiner Heiligkeit. Nicht mehr »neben der Spur« oder »aus dem Gleichgewicht« oder »aus der Bahn geworfen« oder »entgleist« oder »total daneben« … wie man die Zustände halt so beschreibt … Wenn der Mensch etwas ZU VIEL hat (Überbeine, Warzen, Furunkel, Abszesse, Gewächse, Blutdruck usw.), dann gehe ich mit meinen Gebeten zum abnehmenden Mond und bitte ihn darum, das, was zu viel ist, mitzunehmen, wenn er abnimmt. Ich stelle mir dabei vor, wie es weniger und weniger und weniger wird, bis es fort ist. Hat der Mensch etwas zu wenig, dann gehe ich zum zunehmenden Mond und bitte ihn, das, was zu wenig ist, wachsen zu lassen, so wie der Mond wächst (zu niedriger Blutdruck usw.). In der Zeit vom abnehmenden bis zum Neumond, verschwinden die Dinge, die zu viel sind. Aber man muss darum bitten. Man denkt dabei an den Menschen, an seine Krankheit, an sein Leiden, man betet und bittet den Mond zu Hilfe.

Kapitel 8

DAS WENDEN AUS KULTUR-
ANTHROPOLOGISCHER SICHT

Hier ein Ausschnitt aus einer Magisterarbeit, die mir freund-
licherweise von Kathi Roseneder aus Waidhofen/Ybbs zur
Verfügung gestellt wurde.

Er beschreibt einige Wender aus der Gegend und wie
sie wirken. Alle Namen sind anonymisiert und verändert
worden:

Warzenwenderin Anneliese M.:
Anneliese M. ist Landwirtin und wohnt in der Gemeinde Sonntagberg im Mostviertel. Sie hat die Tradition des Warzenwendens im Alter von 40 Jahren von ihrem Schwiegervater übermittelt bekommen, betreibt es nun also schon seit ca. 15
Jahren. Abgesehen von Warzen behandelt sie jedoch keine
anderen Krankheiten. Sie ist sehr fest im katholischen Glauben verwurzelt.

Warzenwenderin Gertraud T.:
Gertraud T. ist Landwirtin, ca. 60 Jahre alt und steht kurz vor ihrer Pension. Sie wohnt gemeinsam mit ihrem Mann, ihrer Tochter und deren Familie, die die Landwirtschaft übernommen hat,
in Waidhofen/Ybbs. Sie wendet nun seit 35 Jahren und erlernte es von ihrer Mutter, die es wiederum von deren Mutter übermittelt bekam. Sie ist zwar katholisch, distanziert sich aber von
vielen Dingen, die im Namen der Kirche passieren. Sie interessiert sich für esoterische bzw. spirituelle Disziplinen, geht auch

mit der Wünschelrute und pendelt. Sie spürt, dass mehr Fähigkeiten in ihr stecken, hat aber nicht die Zeit, sich intensiver damit zu beschäftigen.

Warzenwender Johann P.:
Johann P. ist ein in der Umgebung von Ybbsitz und Waidhofen/Ybbs bekannter Warzenwender. Er ist 74 Jahre alt und pensionierter Landwirt. Das Wenden hat er vor ca. 30 Jahren von seinem Patenonkel erlernt. Nach dem Erlernen hat er es jahrelang nicht ausgeübt und es erst später wieder aufgenommen. Seitdem empfängt er regelmäßig, einmal mehr, einmal weniger Leute. Er steht fest im katholischen Glauben und geht jeden Sonntag in die Kirche. Von anderen Weltbildern hält er herzlich wenig. Er kann auch Sehnenzerrungen wegwenden.

Warzenwenderin Marianne S.:
Marianne S. ist 50 Jahre alt und als Fußpflegerin tätig. Auch sie kommt aus dem Raum Ybbsitz. Als sie im Jugendalter selber eine Warze hatte, ging sie zu einer Wenderin, die ihr das Wenden beibrachte. Sie war deren Meinung nach auch selbst imstande dazu. Danach wendete sie jahrelang nicht, bis sie sich vor etwa 15 Jahren wieder an ihr Können erinnerte. Seitdem kommen immer wieder Personen zum Warzenwenden zu ihr. Sie hat aber nicht das Gefühl, andere Krankheiten behandeln zu können. Sie ist katholisch erzogen worden, lebt aber heute nach ihren eigenen Grundprinzipien und kann sich nicht mehr mit der Kirche identifizieren.

Drei meiner GesprächspartnerInnen geben an, dass das Warzenwenden, in der Form, wie die jeweilige Person es macht, auf dem katholischen Glauben basiert. Gertraud T. und Johann

P. meinen, auch in ihrem Spruch kommen katholische Elemente vor, wie z.B. das um Hilfe Bitten von bestimmten Heiligen.

Gertraud T. spricht auch das Prinzip der Nächstenliebe beim Wenden an, das früher so tief verankert war, dann aber so lange verschwunden ist und erst in der jetzigen Zeit wieder an Bedeutung gewinnt. Anneliese M. sagt, dass in ihrem Spruch nichts Katholisches vorkommt, und das Beten erst danach kommt. Dabei handelt es sich um die »Vater Unser«, die sie aufsagt, während sie zum Bach geht, um die Speckschwarte dort zu lassen. Alleine Marianne S. meint, dass das Wenden nichts mit dem katholischen Glauben zu tun hat, und auch keine bestimmten Heiligen darin verwickelt sind. Sie selbst nimmt aber auch deutlich Abstand zum katholischen Glauben und ist wohl am kritischsten der Kirche gegenüber eingestellt, was sich unter Umständen auf ihre Tätigkeit als Wenderin auswirkt.

Weitere Erklärungsversuche fürs Warzenwenden

Marianne S. spricht vor allem vom Wenden als früherer Technik, wovon heute noch Reste überdauert haben. Diese Reste werden von einer zur nächsten Generation vermittelt, doch der Ursprung desselben ist nicht mehr nachvollziehbar. Sie kann sich das Wenden also nicht wirklich erklären und weiß nicht, was hierbei genau passiert. Generell gibt es bei der Frage, was Wenden nun wirklich ist bzw. was dahintersteckt, eine Bandbreite verschiedener Antworten. Exemplarisch möchte ich nun die Antwort auf diese Frage von Anneliese M. darstellen:

K: Und diese Übertragung, ist das für dich eher so eine Wissensübertragung oder ist das quasi was Übernatürliches, oder geht's da eher um reines Wissen?

A: Reines Wissen und ... da bin ich eigentlich selber überfragt, ob das so was Übernatürliches ist, aber ich glaub, in einem jeden Menschen steckt eine Fähigkeit, der eine hat sie dort, der andere hat sie da. Ich glaub, wenn das ein jeder ... in jedem Menschen steckt was drinnen, der was irgendwas weitergeben könnt ...

Sie ist sich also nicht ganz sicher, ob es sich beim Wenden tatsächlich um etwas Übernatürliches handelt, verneint es aber in gewisser Weise, da sie meint, dass jeder Mensch etwas in sich hätte, eine Fähigkeit bzw. ein Wissen, das er der nächsten Generation weitergeben könnte. Diese Ansicht überschneidet sich auch mit ihrer Meinung, jeder könnte prinzipiell wenden, und es ist nicht nur bestimmten Menschen vorbehalten. Sie nennt im Laufe des Interviews noch einige interessante Begriffe, mit denen sie versucht, das Warzenwenden und auch das Wenden generell zu definieren. Sie nennt z.B. das Wenden auch eine Art Hilfestellung für Personen mit Krankheiten. Diese Definition erklärt noch lange nicht, warum und woher WenderInnen ihre Legitimation oder ihr Können erhalten, zeigt jedoch auf, wie die meisten Hilfesuchenden ihre WenderInnen sehen. Der Terminus, den sie wohl am treffendsten findet, ist die Bezeichnung »heilende Kraft«.

Johann P. sieht das Wenden als eine Gabe:
Eine Gabe. Ja ... Kraft, ja, sagen wir, nervlich, wenn du zu viel ... spürt man es schon ein wenig. Trotzdem, ich sag ... ist das schon eine Gabe.

Kraft assoziiert er also auch mit einer Art körperlichen Anstrengung. Er meint also, das Wenden kann körperlich bzw.

auch nervlich anstrengend sein, gerade dann, wenn er sehr viele Warzen an einem Tag wegwendet.

Es gibt also nicht nur bei der Vorgehensweise einige klare Unterschiede, sondern auch bei dem Versuch der Definition bzw. der Frage nach dem Ursprung des Wendens viele verschiedene Antworten. Interessant ist jedoch, dass keiner meiner InformantInnen von sich aus auf das Thema der Magie gekommen ist. Begriffe wie »übernatürlich« werden oftmals mit Magie in Verbindung gebracht, doch von keinem bzw. keiner wurde konkret ein magischer Aspekt genannt. Erst nachdem ich speziell nach diesem Begriff gefragt habe, konnte ich die Konnotationen vom Wort »Magie« jedes einzelnen herausfiltern.

Magischer Aspekt beim Warzenwenden
Außer Anneliese M., die sich schon vorstellen kann, dass ein magischer Aspekt beim Wenden eine Rolle spielt, ist die überwiegende Meinung jene, Magie hätte nichts mit dem Wenden zu tun. Marianne S. sagt beispielsweise, ihr ist Magie unheimlich, und sie will sich gar nicht näher damit beschäftigen. Interessanterweise weiß sie dennoch ein wenig Bescheid darüber. Sie erzählt u. a. von verschiedenen Arten von Magie, von schwarzer und weißer Magie. Jedoch ist sie ein sehr harmonievoller Mensch und liebt Ausgewogenheit, und genau das würde durch die Beschäftigung mit Magie gefährdet werden. Magie ist demnach für sie ein aufwühlendes, Unordnung schaffendes Element, was durchaus eine negative Betrachtung darstellt.

Johann P. verbindet Magie sofort mit Reiki, wovon er gar nichts hält. Reiki wäre über uns »eingebrochen«, früher gab es Reiki noch nicht. Er kritisiert auch, dass für Reiki kein Glaube notwendig ist und nennt das Beispiel einer Reiki-Lehrerin, die nie in die Kirche geht. Daraus kann man schließen, dass er diejenigen Praktiken, die nicht aus dem christlichen Glauben heraus durchgeführt werden, mit magischen Handlungen gleichsetzt.

Die zentrale Erkenntnis ist jene, dass die WenderInnen tendenziell nicht mit Magie in Verbindung gebracht werden wollen – das gilt sowohl für WarzenwenderInnen als auch für die Gruppe der ganzheitlichen WenderInnen.

Kein Geld, »sonst hilfts nix«

Keine meiner Gewährspersonen verlangt etwas im Gegenzug fürs Warzenwenden. Die Begründung dafür ist mehrfach die, dass sie gar nichts verlangen dürften, weil sonst das Wenden nicht funktionieren würde. Das Helfen steht für alle im Vordergrund, wenn die Hilfesuchenden nicht nachgeben wollen, so wird ihnen entweder gesagt, sie sollen den Kindern bzw. Enkelkindern etwas geben, oder sie sollen die WenderInnen nach ein paar Wochen bei erfolgreichem Verschwinden der Warze auf einen Kaffee oder ähnliches einladen. Allesamt kritisieren WenderInnen, die mit ihrer Tätigkeit Geld machen. Das Prinzip der Nächstenliebe sei dadurch nicht mehr gegeben. Aus einem anderen, jedoch von meinen Gewährspersonen nicht genannten Grund ist eine Vergütung de facto nicht möglich: Man darf nicht vergessen, dass die WenderInnen ihre Dienstleistungen nicht legal durchführen, sie aus rechtlicher Perspektive dafür also auch gar kein Geld annehmen dürfen.

Ablauf des Warzenwendens

Grundsätzlich habe ich meine GesprächspartnerInnen nur näher im Bezug auf das Warzenwenden bei Menschen befragt. Gerade an Bauernhöfen wird dasselbe bzw. ein ähnliches Prozedere auch bei Tieren durchgeführt. Das Warzenwenden dauert im Normalfall nicht lange, von mehr als ein paar Minuten spricht niemand meiner befragten Personen. Die Vorgehensweise jedoch unterscheidet sich in einigen Punkten, die ich jetzt näher darstellen möchte.

Drei grundlegende Elemente

Die drei wichtigsten Elemente beim Warzenwenden sind ein genau vorgeschriebenes Hilfsmittel, Wasser und ein Spruch bzw. Gebet. Drei der vier interviewten Personen verwenden beim Warzenwenden als Hilfsmittel eine Speckschwarte. Johann P. meint, es ist egal, ob diese roh oder gekocht ist. Anneliese M. verwendet stattdessen eine bestimmte Strohsorte bzw. einen bestimmten Teil eines Strohhalmes, was sie jedoch näher nicht erläutern möchte, aus Angst, zu viel preiszugeben. Anneliese M. und Johann P. machen mit der Speckschwarte bzw. dem Stroh ein Kreuz über der Warze, Gertraud T. kreist mit der Speckschwarte dreimal über der Warze, und Marianne S. spricht davon, dass sie mit der Speckschwarte einfach über die betroffene Stelle streicht. Danach wird das jeweilige Hilfsmittel bei zwei der Wenderinnen in fließendes Wasser entsorgt, Gertraud T. spricht davon, dass die Warze sozusagen »weggeschwommen« wird. Beide meinen, es sei egal, wo genau man das Utensil hinbringt, wichtig ist nur, dass es sich um fließendes Wasser handelt. Gertraud T. und Johann P. hingegen haben es so gelernt, dass sie die Speckschwarte in der Dachtraufe vergraben müssen, also in stehendem Wasser, damit sie dort verrottet. Da Johann P. das jedoch im Winter nicht machen kann, weil die Dachtraufe von Schnee bedeckt ist, hat er sich eine Alternative überlegt: Er legt die Speckschwarten in seinem Stall in einen Art Abflussspalt im Boden, der als Förderband des Rinderkots fungiert und der mit Wasser gefüllt ist.

Fred Fabich meint, es werde in manchen Fällen das Verschwinden der Warze mit dem Prozess des Verfaulens bzw. des Verrottens in Verbindung gesetzt (vgl. Fabich 1991: 36). In meiner Forschung kann ich das nur bestätigen: Wie vorhin dargestellt, habe ich zwei verschiedene Assoziationen mit dem Verschwinden der Warzen herausfiltern können: einerseits das Wegschwemmen, Wegfließen lassen des Hilfsmittels und letztlich der Warze, andererseits das Verrotten bzw. Verfaulen derselben. Beide Wege haben das Ziel, dass die Speckschwarte und somit auch die Warze verschwindet.

Fabich spricht als Begründung für solche Vorgehensweisen eine psychologische Komponente an: »Abnehmender Mond, faulendes Obst, Begräbnis – alles uralte Bilder des Vergehens – suggerieren dem Unbewussten, dem eine solche Bildersprache besser verständlich ist als logische Erklärungen, das Absterben der Warze. Wurde das Unbewusste »überzeugt«, werden anscheinend im Körper Mechanismen ausgelöst, die die Hautwucherungen absterben lassen.« (Fabich 1991: 39)

Auch beim dritten Element, dem Beten bzw. Spruchaufsagen, gibt es etwas verschiedene Vorgehensweisen. Annemarie M. betet drei »Vater Unser« und spricht ihren Spruch leise aus, sodass die Hilfesuchenden ihn nicht verstehen. Danach betet sie nochmals, während sie zu einem kleinen Bach geht, wo sie das Stroh wegschwimmen lässt. Johann P. sagt genauso ein »Vater

Unser« auf, betont aber ausdrücklich, dass das Wort »Amen« nicht vorkommen darf. Gertraud T. und Marianne S. sagen nur ihren Spruch im Flüsterton vor, ohne vorher oder nachher ein Gebet zu sprechen. Interessanterweise sind es auch genau diese beiden Frauen, die vom katholischen Glauben bzw. der dahinterstehenden Institution Kirche eher Abstand nehmen. Auch der Inhalt der Sprüche scheint unterschiedlich zu sein: Anneliese M. und Marianne S. meinen, der Spruch ist nicht katholisch geprägt, und sie beten darin auch zu keinen bestimmten Heiligen. Gertraud T. und Johann P. hingegen sagen einen katholischen Spruch auf, und letzterer spricht davon, dass man die Heiligen um Hilfe bittet und das Wenden deshalb im Rahmen des katholischen Glaubens steht.

Hannelore Fiegls Dissertation »Das Wenden in Niederösterreich« bietet im Anhang einen Überblick über verschiedene Vorgehensweisen und Mittel, die gegen bestimmte Krankheiten gemacht werden können. Vor allem gegen Warzen hat sie 26 verschiedene Herangehensweisen dokumentiert, die sie aus verschiedenen Regionen in Niederösterreich zusammengesammelt hat. Ein paar davon überschneiden sich mit meinen Forschungsergebnissen. So steht z.B. Folgendes geschrieben: »Warzen mit einer Speckschwarte einreiben, dabei ein Vaterunser ohne Amen beten und dann die Speckschwarte unter Dachtrapf vergraben. (Seitenstetten)« (Fiegl 1962: 195) »Die Warzen werden mit einer Speckschwarte geribbelt und unter der Dachtraufe vergraben. Gebetet wird dabei nichts. (Seitenstetten)« (Fiegl 1962: 195) Die in beiden Zitaten dargestellte Vorgehensweise ist in kleinen Abänderungen mehrmals dargestellt.

Das Element des Einreibens findet man bei Marianne S. wieder, das Vergraben der Speckschwarte in der Dachtraufe bei Gertraud T. Das Element des Betens ist – wie auch aus den Zitaten hervorgeht – kein konstantes, aber auch ein geheimer Spruch wird nicht immer aufgesagt. Was jedoch aus den gesammelten Vorgehensweisen hervorgeht und auch mit meinen Ergebnissen übereinstimmt, ist, dass das Wort »Amen« nach Abschluss eines Gebets nie gesagt werden darf. Fiegl liefert hierfür einen Erklärungsversuch: »Wahrscheinlich will man durch eine Analogiehandlung die Heilung erzielen. So wie das Gebet zu keinem Abschluss kommt, indem das Amen nicht gesprochen wird, soll auch die Heilswirkung kein Ende nehmen. Außerdem führt das Weglassen eines Teiles des Gebetes zu einer erhöhten Konzentration des Wenders, welche einen größeren Heilerfolg bewirken kann.« (Fiegl 1962: 47)

Eine andere Vorgehensweise gleicht der von Anneliese M.: »Mit Strohknobbern dreimal fest einreiben – es soll weizernes Stroh sein – und dann die Knobbern unter der Dachtraufe vergraben. Sobald das Stroh verfault ist, sind die Warzen weg. (Pottendorf)« (Fiegl 1962: 195) Diese Praktiken könnten mit Frazers Theorien über Sympathiezauber, also dem law of similarity und law of contagion verglichen werden, denn ein sympathetischer Vorgang könnte auch hier der Fall sein. An früherer Stelle habe ich im Bezug auf das law of contagion dargestellt, dass MagierInnen hierbei eine gewünschte Reaktion hervorrufen können, indem sie sie mit einer bestimmten Handlung imitieren. Das Wegstreichen der Warzen mit Speckschwarte oder Stroh sowie das darauffolgende Vergraben oder die Ablagerung in fließendem Wasser sind Handlungen, die das gewünschte Ziel, nämlich das Verschwinden der Warze in gewisser Weise imitieren.

Zeitpunkt des Warzenwendens

Alle GesprächspartnerInnen sprechen von einem Freitag im abnehmenden Mond. Der letzte Freitag vor Neumond wird der kranke Freitag genannt, zwei der WarzenwenderInnen wenden nur an diesem speziellen Tag. Die anderen beiden wenden an allen Freitagen im abnehmenden Mond, und auch am Karfreitag. Meine Frage, ob es auch an anderen Tagen funktionieren würde, verneint Johann P. vehement und fügt aber auch hinzu, dass er es noch nie probiert hätte. Meine Folgerung daraus ist, dass er es deshalb gar nicht wissen kann, ob es funktionieren würde, er hat die Regeln des Wendens also relativ unreflektiert übernommen. Fiegl erklärt in diesem Zusammenhang, »dass der abnehmende Mond alles, was dem Menschen schädlich sein kann, verringert, der zunehmende es vergrößert. [...] Darum versucht man erst gar nicht, bei Vollmond oder zunehmendem Mond zu wenden, sondern wartet lieber gleich den abnehmenden oder Neumond ab.« (Fiegl 1962: 39) Wenn also Johann P. das Zusammenspiel zwischen Mondphasen und Gesundheitszustand eines Menschen quasi verinnerlicht hat, dann klärt sich auch die Frage, warum er es noch nicht einmal probiert hat, zu anderen Zeitpunkten zu wenden. Es würde sich hierbei also nicht mehr um eine unreflektierte Übernahme von Techniken und Regeln zum Wenden handeln, sondern um eine Wiederspiegelung seiner eigenen Überzeugungen. Auch Fiegl bezeichnet den kranken Freitag als »Freitag im letzten Mondviertel« (Fiegl 1962: 40). Das Wenden sei an diesem Tag noch wirksamer als an anderen, sie schreibt aber nichts darüber, dass dieser Tag der einzige ist, an dem man wenden darf.

Auch Elfriede Grabner weist auf die große Bedeutung des Mondes in der Volksmedizin hin. Sie nennt den griechischen

Arzt Galen aus dem 2. Jahrhundert nach Christus, der bereits lehrt, »dass alles Irdische vom Mond bewegt wird.« (vgl. Grabner 1997: 129) Auch im Mittelalter waren solche astrologischen Elemente in der Medizin verbreitet. Vor allem Paracelsus macht die Anziehungskraft des Mondes verantwortlich für Krankheiten, die den Menschen ihren »Lebenssaft« entzieht. (vgl. Grabner 1997: 129)

Ob die verschiedenen Mondphasen auf Krankheiten von Menschen tatsächlich einen so hohen Einfluss haben, lässt sich sicherlich schwer wissenschaftlich feststellen. Grabner meint aber, dass das »magische Denken« hierbei sicher eine große Rolle spielt. (vgl. Grabner 1962: 140) Auch für den Freitag als einzigen Wochentag, der zum Warzenwenden geeignet erscheint, hat Fiegl Erklärungsansätze: »Schon bei den Germanen galt der Freitag als »heiliger« und zugleich als Glückstag, war er doch der Göttin Frija geweiht. Nach der Christianisierung richtete sich das Augenmerk auf die Erlösung durch Christus. Der Freitag ist nur dort unglückverheißend [...], wo der Gedanke an das Leiden und Sterben Christi vorherrscht. Tritt aber der Gedanke an die damit verbundene Erlösung des Menschen von allen Übeln in den Vordergrund, so wird der Freitag zum Tag, an dem auch alle Krankheiten schwinden müssen.« (Fiegl 1962: 41) Neben den vom Mond abhängigen Tagen gibt es auch noch andere Tage unabhängig von der Mondphase, an denen gewendet wird, die normalerweise in Verbindung zum katholischen Kirchenjahr gebracht werden. Dabei handelt es sich u.a. um den Karfreitag, oder auch den Herz-Jesufreitag. (vgl. Fiegl 1962:42) Fiegl geht auch näher auf bestimmte Tageszeiten ein, zu denen gewendet werden sollte, jedoch ist davon von meinen GesprächspartnerInnen nichts erwähnt worden. Johann P. hat nur gemeint, man darf bis Mitternacht des jeweiligen Tages wenden, danach hat das Wenden keine Wirkung mehr.

Ort des Warzenwendens

Die drei Warzenwenderinnen empfangen die Hilfesuchenden bei sich zuhause, Johann P. hingegen hat verschiedene Gasthäuser, wo er die Hilfesuchenden trifft. Normalerweise wissen die diese, wo er wendet, und richten sich zur Terminvereinbarung direkt an das jeweilige Gasthaus. Auch bei den Interview014
orten handelte es sich im Falle der Frauen um ihr Zuhause, und im Falle von Johann P. um die Hinterstube im Gasthaus, wo er normalerweise auch Hilfesuchende behandelt.

Weitergabe

»Wie ich zum Warzenwenden gekommen bin ...« Die Tätigkeit des Warzenwendens wird von einer Person zur anderen weitervermittelt. Die ältere Person zeigt der jüngeren, was sie machen und worauf sie achten muss, damit es auch weiterhin funktioniert.

Alle außer Marianne S. erlernten das Wenden von einer ihnen nahestehenden Person. Anneliese M. bekam es von ihrem Schwiegervater übermittelt, Gertraud T. von ihrer Mutter (die ihrerseits das Warzenwenden schon von ihrer Mutter erlernte) und Johann P. von seinem Patenonkel. Nur Marianne S. hat das Warzenwenden von einer ganzheitlichen Wenderin erlernt, und zwar als sie diese besuchte, um sich ihre eigene Warze wegwenden zu lassen. Sie schaute sie an, und hat vermutlich »irgendetwas in ihr gesehen«, was sie dazu veranlasst hätte, sie in die Technik des Wendens einzuweihen.

Die erste Wenderfahrung erfuhr Marianne S. also an sich selbst, obwohl sie auch meint, sie sei nicht sicher, ob sie das Verschwinden der Warze veranlasste, oder doch die dabei anwesende Wenderin. Danach vergaß sie jahrelang auf ihr Wissen, bis sie sich wieder daran erinnerte und es erneut durchführte, hauptsächlich jedoch im Bekanntenkreis. Bei Johann P. war es ähnlich: Nach der ersten Wenderfahrung bei einer Kuh hat er jahrelang nicht gewendet und erst viel später bei Menschen angefangen.

Bei allen InformantInnen hat es also von Anfang an funktioniert, egal ob die ersten Wenderfahrungen bei Menschen oder bei Tieren – wie bei Anneliese M. und Johann P. – durchgeführt wurden. Anneliese M. und Marianne S. haben das Warzenwenden vor etwa 15 Jahren gelernt, die anderen beiden WarzenwenderInnen seit mehr (besser: vor mehr als) als 30 Jahren. Das übermittelte Wissen wurde – außer von Johann P. – von keinem verändert, das heißt die Sprüche sind noch genau dieselben, die es vorher schon waren, und auch das ritualisierte Vorgehen blieb dasselbe. Nur Johann P. machte eine kleine Abweichung, auf die im vorigen Kapitel bereits eingegangen wurde: Er vergräbt die Speckschwarte nicht in der Dachtraufe, sondern im Abflussspalt im Stall. Das Prinzip ist aber weitgehend dasselbe.

Regeln, um die Fähigkeit nicht zu verlieren

Wie bei anderen ritualisierten Tätigkeiten gibt es auch beim Warzenwenden verschiedenste Regeln, die eingehalten werden müssen, damit einerseits das Wenden auch funktioniert, und andererseits die Fähigkeit der Warzenwenderin bzw. des Warzenwenders nicht verloren geht. Regeln zur Garantie des Funktionierens vom Wenden besagen unter anderem, dass während des Wendens kein fließendes Wasser zu sehen oder zu hören sein darf. Das heißt, dass z.B. der Wasserhahn nicht aufgedreht werden darf, oder an keinem Fluss gewendet werden darf. Weiters wurde gesagt, dass Männer ihre Hüte ablegen müssen. Es gibt Vorschriften, die verhindern sollen, seine eigenen Fähigkeiten zu verlieren bzw. das Wenden wirkungslos zu machen. Marianne S. und Johann P. betonen die Wichtigkeit, dass das Wissen nur an jüngere Personen weitergegeben werden darf. Johann P. kann es an viele Personen weitergeben, Marianne S. spricht wie die anderen beiden Frauen nur von einer einzigen Person. Laut ihnen kann man ab dem Moment, in dem man das Wissen weitervermittelt, selbst nicht mehr wenden. Johann P. sagt hingegen, er verliert nur dann seine Fähigkeit zu Wenden, wenn er es einer älteren Person als ihm weitersagt.

Weitergabe nur an Auserwählte?

Mit dem Thema rund um die Weitergabe hängt natürlich auch eng die Frage zusammen, an wen das Wissen überhaupt weitergegeben wird. Gibt es verschiedene Voraussetzungen, die eine Person erfüllen sollte, oder kann es jede/r? Im Folgenden gehe ich auf genau diese und ähnliche Fragen ein und möchte auch auf dasselbe Thema bei den ganzheitlichen WenderInnen hinweisen. Abgesehen von der schon im vorigen Kapitel besprochenen Anforderung, die Person, an die das Wissen weitergegeben wird, müsse jedenfalls jünger sein als der/die Wenderin selbst, gibt es keine großen Anforderungen mehr an die Person. Anneliese M. ist es egal, wem sie es weitergibt – die Person muss sich nur dafür interessieren. Auf die Frage, ob sie jemand Bestimmten im Auge hat, meint sie Folgendes: »Eigentlich nicht. Nein, eigentlich nicht. Ja … ich mein, wenn ich es nicht kann, werd ich mal wen fragen. Wann er sagt, nein, er will das nicht, frag ich vielleicht wen anderen. Irgendwie weitergeben will ich es schon, weil das, das ... äh, das ist irgendwie eine Fähigkeit, was man dann machen kann, ein wenig was Gutes für andere halt, für ... ich tu da für andere was Gutes, wenn ich das weitergeb ... « Sie will es also aus dem Grund weitergeben, um Gutes zu tun, ganz aus dem Prinzip der Nächstenliebe heraus. Dasselbe gilt auch für Johann P., obwohl der große Unterschied besteht, dass er es mehreren Leuten weitersagen darf. Anneliese M. meint auch, dass grundsätzlich jeder wenden kann. Sie widerspricht sich jedoch in dieser Aussage, jeder könne prinzipiell wenden, weil sie an einer späteren Stelle im Interview dann im Bezug auf den magischen Aspekt meint, es sei nur bestimmten Leuten inne. Im Falle von Gertraud T. ist die Tradition des Warzenwendens von Generation zu Generation weitergegangen, und auch sie wird das Wissen höchstwahrscheinlich einer ihrer Töchter weiter vermitteln, und zwar jener, die am meisten »Feingefühl« dafür hat. Überhaupt seien Feingefühl und Interesse zum Warzenwenden notwendig, doch prinzipiell kann jeder wenden. Dieselbe Haltung hat auch Johann P., doch er bezeichnet dieses notwendige Element, das doch in einem Wender oder einer Wenderin stecken sollte, als »starke Nerven«.

Marianne S. vertritt jedoch eine gegensätzliche Meinung: Nur bestimmte Menschen sind zum Wenden geeignet. Genauso wie die Wenderin, von der sie es erlernt hat, etwas in ihr gesehen hat, so spürt auch sie genau, wem sie ihr Wissen weitergeben könnte und bei wem sie es sich überhaupt nicht vorstellen kann. Sie spricht sogar davon, dass WenderInnen ihre »Auserwählten« spüren. Diese Meinung wird von den meisten der von mir befragten ganzeitlichen WenderInnen ebenso nicht geteilt. Fakt ist, dass es grundsätzlich eine ganz unterschiedliche Sichtweise auf ein Phänomen darstellt, und gerade die Annahme, nur Auserwählte könnten wenden, eine gewisse Gefahr birgt. Bei ganzheitlichen WenderInnen werden solche Menschen oft als Scharlatane bezeichnet, die sich »wichtig machen« wollen und damit viel Schaden anrichten können, da Menschen ihre Gesundheit in deren Hände legen mit dem Vertrauen, dass diese Person sich schon darum kümmern wird, denn, »man selbst kann ja nichts machen.«

Zum Thema, ob meine GesprächspartnerInnen auch andere Fähigkeiten oder Gaben haben, die auch mit der Tätigkeit des Wendens zu tun haben könnten, bekam ich ganz verschiedene Antworten. Anneliese M. meint, sie kann das Geschlecht eines ungeborenen Kindes auspendeln. Auch das Wünschelrutengehen funktioniert bei ihr. Jedoch denkt sie, dass das sowieso jeder kann, der es schon einmal probiert und sich darauf konzentriert hat. Es seien also keine Fähigkeiten, die nur sie inne hat. Vielmehr kann das im Prinzip jeder Mensch. Ansonsten hat sie nichts anderes ausprobiert, und würde auch nicht weiter nachforschen, ob in ihr noch andere Fähigkeiten schlummern. Sie zumindest hat sie das Gefühl, sie kann nur Warzen wenden, und das reicht ihr. Gertraud T. hat hingegen schon mehr ausprobiert. Sie befasst sich viel mit Pendeln, und hat dazu auch Kurse besucht. Abgesehen davon geht sie mit der Wünschelrute, macht es aber nicht gerne, da es ihr sehr viel Anstrengung kostet. Im Gegensatz zu Anneliese A. sagt sie, dass nicht jeder mit der Wünschelrute gehen kann. Ihre Töchter hätten es schon öfter ausprobiert, aber nur bei ihr schlägt die Rute aus. Auch sie pendelt das Geschlecht ungeborener Kinder aus, macht das jedoch nur im Familienkreis. Weiters träumt sie oft den Tod eines Menschen im Voraus. Sie weiß also durchaus von mehr Fähigkeiten in ihr, die sie jedoch vertiefen müsste.

Marianne S. nennt sich selber eine »Mini-Wenderin«, womit sie meint, sie könne nur Warzen wenden. Ihr Gefühl sagt ihr, dass sie keine anderen Krankheiten wenden kann. Sie hat sogar Angst davor, denn sie würde dem nicht standhalten, womit sie beim Wenden konfrontiert werden würde. Dies ist auch wieder eine Anspielung auf ihr harmoniebedürftiges Gemüt, das dadurch in Gefahr kommen könnte. Jedoch kann sie es fühlen, wenn es einer Person bald schlecht gehen wird. Sie verbindet diese Fähigkeit oder diese Eingebungen mit ihrer Tätigkeit als Wenderin. Durch das Wenden hat sie sozusagen ein »Gespür« entwickelt, das ihr ermöglicht, besser auf Leute einzugehen. Johann P. berichtet, er hat neben dem Warzenwenden auch das Wissen, Sehnenzerrungen und eine spezielle Krankheit bei Rindern zu wenden. Er meint, bei allen drei Formen des Wendens spielen immer die Heiligen eine wichtige Rolle, die er bittet, den Hilfesuchenden oder Tieren zu helfen.

Weltbild
Katholischer Glaube
Grundsätzlich sind alle InformantInnen im katholischen Glauben erzogen worden, was bei allen eine Auswirkung auf ihre heutige Lebensweise hat. Marianne S. meint dazu, dass sie die Grundwerte von ihren katholischen Eltern übermittelt bekommen hat, heute aber nach ihren eigenen Grundsätzen lebt, was die Kirche heutzutage gar nicht mehr macht. Sie sieht sich deshalb nicht konform mit dem katholischen Weltbild. Sie meint, am ehesten könne sie sich mit dem Buddhismus anfreunden, da es die wohl offenste Religion ist, die sie kennt. Grundsätzlich jedoch versucht sie, ihren eigenen Grundsätzen treu zu bleiben. Anneliese M. und Johann P. sind sehr gläubig, beide sind auch so erzogen worden und gehen jeden Sonntag

in die Kirche. Anneliese M. meint dazu, dass das »halt einfach so ist«, also dass sich das so gehört. Johann P. betont ausdrücklich, dass das seine eigene Entscheidung ist und es ihm gefällt, jeden Sonntag die Messe zu besuchen. Er geht sogar so weit, dass er sagt, für den Glauben würde er sich umbringen lassen.

Esoterik bzw. Spiritualität

Bei den Begriffen der Esoterik und Spiritualität war es besonders interessant zu sehen, wie verschieden die Personen diese Begriffe deuten und auch mit verschiedenen Konnotationen belegen. Drei der InformantInnen haben eine dezidiert negative Meinung von Esoterik bzw. Spiritualität, nur eine bezeichnet sich selbst als spirituellen Menschen. Anneliese M. sagt, sie befasst sich nicht mit esoterischen bzw. spirituellen Themen. Sie hat zwar einmal einen Qigong-Kurs besucht, müsste sich aber damit mehr befassen, was aufgrund von Zeitmangel nicht wirklich machbar ist. Daraus ist ersichtlich, dass sie Qigong als esoterisch bzw. spirituell ansieht. Am Ende macht sie sich sogar etwas lustig über esoterische Menschen, in dem sie auf die Frage, ob sie sich mit esoterischen und spirituellen Bewegungen bzw. Themen befasst, meint: »Nein. Nein, eigentlich net. Es ist zwar gut, weil – ja, so, die Meditationen, oder das Qigong. Ich hab das oben in Weyer gehabt, ja, es ist, es ist eh voll gut, aber, aber, ich bin nicht der, der Typ. Ja, es ist sicher ... Seele-Körper-Geist (lacht), ist sicher was Gutes, aber da müsst ich mehr Zeit haben. Oder mehr, ja ... dass du wo hingehst, und dann nähmest sicher ... kriegerst den Vogel dort (lacht).« Der Ausdruck »den Vogel kriegen« heißt so viel wie nicht mehr ganz bei Vernunft sein, verrückt sein, oder einfach nur spinnen. Aus ihrer Aussage geht also hervor, dass sie viele esoterische bzw. spirituelle Menschen so sieht. Marianne S. beschäftigt sich ebenfalls nicht mit Esoterik oder Spiritualität, sie sagt von sich selbst, sie sei ein viel zu »erdiger Mensch«, um sich mit solchen Dingen zu beschäftigen. Nur Gertraud T. findet nichts Schlechtes an den beiden Begriffen, und beschäftigt sich auch u. a. mit Pendeln. Sie liest gerne esoterische Bücher, ihr fehlt aber auch die Zeit, sich intensiver mit solchen Dingen zu beschäftigen.

(aus: Katrin Roseneder: WenderInnen als »SchamanInnen Österreichs«? Ein Versuch einer begrifflichen Zuordnung der traditionellen GeistheilerInnen im Ybbstal und Umgebung. Diplomarbeit. Wien, 2010)

Kapitel 9
EIGENVERANTWORTLICHKEIT

Sie ist meines Erachtens ein wichtiger Grundpfeiler für Gesundheit und Glück. Menschen haben oft Angst vor dieser Eigenverantwortlichkeit. Weil sie sich dann selbst am Schopf packen und aus der Scheiße ziehen müssen. Und so geben sie diese Eigenverantwortung nur allzu gerne ab an irgendwelche esoterischen Scharlatane, an Orakel-Hotlines im Internet, oder an Hausfrauen die am Telefon gegen Bares Karten legen oder Orakelsteine werfen. Sie fragen nach jedem Schritt, dessen Entscheidung sie nicht selbst übernehmen wollen. Sie zahlen Unmengen Geld dafür, um nicht selbst handeln zu müssen. Und machen sich damit abhängig von anderen, die wiederum hoffen, dass der Mensch lange nicht gesund und glücklich wird, damit man weiter an ihm verdienen kann. Denn nur ein kranker, unglücklicher Mensch bringt Geld. Alles ist darauf ausgerichtet, viele kranke, unglückliche Menschen zu schaffen, an denen man Geld verdienen kann. Und die meisten Menschen tun das bereitwillig, weil sie sich dem Trugschluss hingeben, je teurer die Hilfe ist, desto besser hilft es! Sie machen Kurse und Workshops und Seminare, lernen indische, chinesische, afrikanische und nordamerikanische Weisheiten und können dann doch nicht viel damit anfangen, weil sie dabei ihre eigenen Wurzeln vergessen haben oder verdrängt haben. Und ich weiß das deshalb so genau, weil ich ebenfalls zu diesen Menschen gehörte und einen riesigen Umweg machte, bevor ich bei mir landete und meine Wurzeln finden konnte, die die ganze Zeit vor mir lagen. Genau genommen führte es mich bis Kanada zu den Ojibwe-Cree-Indianern und Inuit-Schamanen. Ja, ich habe dort viel gelernt. Ich habe vierzehn Jahre lang schamanische Techniken angewandt, die aus Sibirien, Alaska, Nordamerika und Europa stammten. Und letztendlich habe ich sogar Curandero-Techniken (Curandero = mexikanisch Heiler) aus einer alten Heilertradition lernen dürfen. Und erst als ich spanische Gebete lernen sollte und Rituale gegen den Uhrzeigersinn machen sollte, weil das in Mexiko so gemacht wird, dachte ich darüber nach, wieso ich nicht meine eigene Sprache benutze, meine eigenen Gebete lerne, meine eigenen Rituale im Uhrzeigersinn mache, so wie es die Vorfahren schon gemacht haben. Erst als ich begann umzudenken, fand ich zurück zu meiner eigenen Sprache, zur Familie, zu den Ahnen, zu meiner Heimat, zum Volksglauben, zu Brauchtum und Traditionen. Und ich merkte schnell, dass die Kraft der mexikanischen Curandero-Techniken oder der kanadischen Rituale für mich genauso gut in unserer Tradition zu finden waren. Und erst da machte es Sinn für mich, denn hier war ich verwurzelt, hier sprach ich meine Muttersprache, hier hatte ich den Segen der Ahnen, die Kraft der Heimaterde, hier war ich geboren worden, hier kannten mich die Berge und Bäume und Flüsse.

Kapitel 10
HEILWANDERUNG

Ich gehe weg mit einer Frage, die nicht mit JA oder NEIN zu beantworten ist. Sie beginnt zum Beispiel mit: »Was kann ich tun, damit ...« oder »In welche Richtung soll ich gehen um ... das und das zu erreichen« usw.

Dieses Mal bin ich unterwegs im Sandgraben in Hollenstein, ich will auf den Niederscheibenberg.

Das Erste was ich zu sehen bekomme, ist ein Rabe der sich auf einem hohen schmalen Baum niederlässt, um den Überblick zu haben. »Ja, das Raabenweib braucht Überblick,« murmle ich vor mich hin und lächle. Dahinter plötzlich der schneeweiße Gamsstein, er steht für Klarheit und Kraft.
Kurz davor zieht es mich plötzlich in eine Schlucht rechts rein. Ich gehe ein Stück, schon sehe ich das Schild: »Jagdliches Sperrgebiet – Betreten verboten«. Ein Zeichen?
Ich gehe weiter, doch es wird eisig und der Weg ist voller Schnee. Da ich mir für meine Heilwanderung nur eine Stunde Zeit genommen habe, breche ich ab und kehre um. Das zweite Zeichen.

Danach versuche ich doch noch ein anderes Tal, aber auch hier steht ein Schild: »Jagdliches Sperrgebiet – Betreten verboten«.

Langsam werde ich sauer. Ich steige ins abgestellte Auto und fahre zurück. Unterwegs nehme ich mir vor, einen Weg noch zu gehen, der zu einem wunderschönen Uferstück an der Ybbs führt.

Ich habe vom Besitzer die Erlaubnis, trotz Verbotsschildern diesen Weg zu nutzen.

Als ich auf meinem Parkplatz stehen bleiben will, steht auch dort ein Schild: »Halten und Parken verboten«.

Mir platzt fast der Kragen. Und doch sind es Antworten. Nur nicht die, die ich hören will.

Kann es wirklich sein? Dass es keine Möglichkeit gibt? Keinen Weg für mich? Ich fahre weiter und stelle eine letzte Frage: »Was muss ich an mir verändern, damit ich mein Ziel trotz aller Grenzen erreichen kann?«

Plötzlich vor mir ein riesiger Vogel am Himmel. Im ersten Moment denke ich an einen Storch oder Reiher, doch der zweite Blick sagt mir, dass es ein großer Raubvogel ist. Und welche Farben er hat! Rostrot und weiß und schwarz gemustert ist er.

Ein roter Milan!

Er fliegt seitlich an mir vorüber und ich sehe noch, wie er etwas Weißes fallen lässt. Hat der Vogel jetzt wirklich direkt neben mir vom Himmel geschissen? DAS ist die Antwort, die ich hören will: »Sei bunt wie ein Vogel und scheiß drauf! FLIEG einfach nur und sei was du bist!«

Es gibt keine Verbote. Wer frei ist im Herzen, der fliegt grenzenlos.

Kapitel 11
EIFERSUCHT – EIN RITUAL

Aus meinem Tagebuch (ca. 2005 geschrieben):
Es ist soweit.
Heute ist der Tag, an dem alles anders werden soll.
Kurz nach Vollmond – scheint günstig zu sein.
Schon die halbe Nacht konnte ich nicht schlafen.
Ich wusste, dass es heute sein muss.
Wenn ich in Zukunft glücklich sein will, dann
muss ich heute dieses Ritual machen.
Gestern meldete sich überraschend ein lieber
Freund, der mir das Angebot machte, zu helfen.
Ohne ihn wäre ich heute Morgen nicht fä-
hig gewesen, es durchzuziehen.
Gestern machte er mir am Telefon Mut.
Die ganze Nacht dachte ich nach.
Und heute Morgen schob ich es vor mir her.
Schaltete den Fernseher ein, dachte an etwas an-
deres, lenkte mich ab ... Immer wieder Bilder von
diesem Menschen, der mir so wehgetan hatte. Den
ich so ignoriert habe in den letzten Monaten.
Wegschieben. Fernsehen.
Dann kann ich einfach nicht mehr im Bett blei-
ben. Draußen scheint die Sonne, blauer Himmel.
Ich stelle ein Bein aus dem Bett ... und be-
komme einen Heulkrampf.
So plötzlich, dass es mich selbst überrascht.
Ich setze mich auf die Bettkante und überlege bei

mir: Wenn ich dieses Ritual heute mache, dann
heißt das, dass ich loslassen muss. Dass ich die gan-
ze Kontrolle aufgebe. Dass ich vertrauen muss.
Ich weine und weine.
Ich gehe runter ins Wohnzimmer und sper-
re die Haustür zu, damit nicht eine Nachba-
rin plötzlich da steht und mich heulen sieht.
Ich setze mich an den Computer und will ge-
rade weitermachen mit meiner Ablenkungs-
Taktik, als das Telefon klingelt.
Ich nehme ab und der Freund von gestern ist dran.
Er fragt wie es mir geht und ich heule ihm was vor.
Ich kann das nicht.
Ich kann nicht verzeihen, ich kann nicht loslassen.
Ich habe so Angst, meinen jetzigen Freund zu ver-
lieren, wenn ich loslasse, dann gebe ich doch
die Kontrolle auf, dann liegt es an den Geis-
tern, ob er bei mir bleibt oder nicht.
Nicht mehr an MIR.
Ich habe Angst.
Aber das Ritual ist die einzige Möglichkeit, dass
ich in Zukunft glücklich mit ihm werden kann.
Ich MUSS es machen.
Diesem Mann verzeihen. Mir selbst verzeihen.
Mich entschuldigen, für das, was ICH ihm ange-
tan habe, sodass es überhaupt so geworden ist.
Der Freund von gestern – noch immer am Telefon, redet eindringlich mit mir.
Ich schreibe mit: »Ich löse alle Bänder, Verstrickun-
gen, Verknüpfungen, Eide, Schwüre und Flüche aus
diesem Leben und aus allen früheren Leben.«

»Ich entlasse Dich aus meinem Leben.«
»Alles was Dir gehört, zu Dir, alles was mir gehört, zu mir.«
So sei es.
JETZT.
Da steht es nun auf dem Zettel. Und ich habe
aufgehört zu heulen und werde ruhiger.
Der Freund am Telefon sagt, dass ich
eine starke Schamanin sei.
Bin ich das?
Manchmal fühle ich mich wie ein schreckliches NICHTS.
Ok.
Frisch gestärkt und voller Mut, schalte ich den Compu-
ter nach dem Telefonat ab, packe Räucherung in einen
Lederbeutel, Räucherkohle, Zirbenholz, Drachenblut,
Kräutersalz, Damiana und einen Sweetgrass-Zopf.
Ich ziehe einen dicken Pullover und meine Berg-
schuhe an, packe die Rassel ein, schnappe mir mei-
ne Unterlagsmatte und gehe aus dem Haus.
Den kurzen Weg runter zur Straße, dann rechts
zum Waldrand hinauf, die Wiese entlang bis zum
Bach und gehe langsam durch das dichte Dickicht,
Schritt für Schritt vorantastend, um nicht auf eine
Schlange oder einen Salamander zu treten.
Ich höre ein Rascheln hinter mir und be-
komme Gänsehaut. Jemand geht mir nach.
Ich drehe mich um. Nichts zu sehen.
Ich gehe weiter und befürchte, in dem hohen und
dichten Buschwerk auf eine Schlange zu treten.
Meine Jeans sind durchnässt bis zu den Knien.
Dann erreiche ich den Eingang zur Schlucht.
Links und rechts steile Felswände und ganz oben

Bäume und der blaue Himmel. Der Bach rauscht
aus dem Berg heraus. Klares Quellwasser.
Ich klettere über die Felsen und gelange schließlich zu meinem Kraftplatz in der Schlucht.
Ich lege meine Unterlagsmatte auf den runden Felsen auf dem ich immer sitze, klettere vorsichtig über
die Bachsteine um den Felsen herum, hüpfe über
den Bach und sehe meinen Inukshuk (Mensch aus
Stein) den ich für den Schluchtengeist gebaut habe.
Ich opfere ein Stück Melone und einen Ap-
fel, und bitte die Geister um Hilfe.
Ich entzünde die Räucherung, ziehe mir den
Rauch dreimal über den Kopf und bitte den großen Geist, mir bei meiner Aufgabe zu helfen.
Ich ziehe den Rauch dreimal zu meinem Herzen und
bitte darum, dass ich mein Herz handeln lasse.
Ich hole den Sweetgrass-Zopf hervor und zünde ihn
an, und meine Gedanken werden mit dem Rauch nach
oben geleitet. Ich erkläre, was mein Vorhaben ist. Meinem Ex-Freund zu verzeihen, um in Zukunft glücklich leben zu können mit meinem neuen Freund.
Ich streue mir das schwarze abgebrannte Sweet-
grass auf meine Handfläche und verreibe es,
und besiegle meinen Wunsch damit.
Dann setze ich mich mit meiner Rassel auf
den Felsen und beginne zu reisen.
Mein Krafttier erscheint und sagt: »Ich habe jemanden mitgebracht. Du bekommst ein neues Krafttier dazu. Ich bleibe bei Dir, aber Du bekommst
ein neues Tier dazu. Du brauchst es jetzt.«
Ich sehe einen Löwen vor mir. Er ist

männlich und heißt »Sunda«.

Er hat eine prächtige Mähne, die etwas dunkler ist als sein restlicher honiggelber Körper.

Ich begrüße ihn und zusammen machen wir uns auf den Weg zu meinem Ex-Freund.

Ich sehe ihn in einem hellen Zimmer im Bett liegen und schlafen.

Neben ihm liegt eine Frau mit kurzen schwarzen Haaren und er streichelt verschlafen ihren Kopf.

Die Sonne scheint zum Fenster rein, und als er mich und meine Krafttiere den Raum betreten sieht, schreckt er hoch und sitzt aufrecht im Bett. Die Frau schläft weiter.

Ich gehe auf ihn zu und sehe, dass ich meinen Kraftstab in der Hand halte.

Kurz schließe ich die Augen und klopfe mit dem Stab auf den Boden und sage: »Meine Kraft bleibt bei mir!«

Dann öffne ich die Augen wieder, und sehe ihn an.

Mein Löwe steht neben mir, und das andere Krafttier sitzt etwas abseits und beobachtet uns.

Ich sage zu meinem Ex-Freund: »Ich bin gekommen um Dir zu verzeihen. Und um mir zu verzeihen. Und um Dich um Entschuldigung zu bitten für das, was ich Dir angetan habe, dass Du so geworden bist, dass alles so gekommen ist!«

Ich nehme ihn an der Hand und umarme ihn.

Er schaut nur verblüfft, sagt aber nichts.

Dann sage ich: «Ich löse alle Bänder, Versprechen, Schwüre, Eide, und Flüche, aus diesem Leben und aus allen früheren Leben. Ich entlasse Dich aus meinem Leben. So sei es. Jetzt.«

Und in diesem Moment sehe ich, wie die Schnüre

und Tentakel die aus seinem Bauch heraus in meinen Bauch greifen sich auflösen und
wir wieder zwei einzelne Menschen sind.
Ich umarme ihn noch einmal und ver-
abschiede mich von ihm.
Ich sage: »Alles was Dir gehört, zu Dir, alles was zu mir gehört, zu mir.«
Dann verlassen wir den Raum, ohne
uns noch einmal umzusehen.
Ich beende die Reise und streue Salz um die Stelle wo ich saß und um den Inukshuk herum.
Ich verbrenne den Zettel, auf dem ich alles aufgeschrieben hatte.
Ich sehe zu, wie die Flamme ihn auf-
frisst und atme den Rauch ein.
Alles verbrennt. Ich streue Salz darüber.
Ich bedanke mich bei den Geistern
und streue Tabak in den Bach.
Die Geister sagen mir, dass sie meine Räucherung haben wollen. Also streue ich die ganze Flasche »Damiana«
in den Bach und sehe zu, wie es davonschwimmt.
Dann nehme ich einen Bergkristall den ich mit-
gebracht habe und das Foto von meinem
Freund das ich ebenfalls mitgebracht habe.
Ich halte das Foto in die Luft und rufe die Geis-
ter. Ich stelle ihnen meinen neuen Freund vor.
Ich sage ihnen, dass ich diesen Mann heiraten wer-
de, und dass ich glücklich sein möchte mit ihm.
Dass ich ihn liebe und dass sie ihn sich ansehen sollen. Ich möchte ihn ihnen zeigen.
Ich singe mein Kraftlied für die Geis-

ter. Laut und mehrmals hintereinander.

Ich fühle, wie rund um mich die Geister der Schlucht, der Bäume, des Berges, des Wassers und der Felsen sich versammeln und mich beobachten.

Ich konzentriere mich auf meinen Wunsch, und lege den mitgebrachten Bergkristall in den Bach, sodass die Energie dorthin fließt, wohin sie fließen SOLL.

Das Wasser lenkt die Energie.

Dann packe ich zusammen und verlasse die Schlucht.

Als ich aus der Schlucht hinauskomme, höre ich die Vögel laut in den Bäumen zwitschern.

Ich bin völlig durchnässt und schmutzig und ungekämmt und ich schmunzle über den Gedanken, dass mich meine Nachbarn jetzt so sehen könnten.

Die Sonne scheint mir ins Gesicht und der Himmel ist herrlich blau. Eine einzige kleine Wolke grüßt mich.

Ich gehe zurück.

Und als ich wieder das Haus betrete, erscheint mir alles nur noch wie ein Traum. Als wäre das eben gar nicht real gewesen.

Ich möchte mich bedanken bei meinem lieben Freund, der mich gestern und heute gedanklich unterstützte und mir Mut gemacht hat.

Ohne ihn wäre die Reise nicht zustande gekommen.

Und ich bedanke mich bei meinem geliebten Schatz, der so viel Kraft und Geduld aufbrachte, mit mir das alles durchzustehen.

Ein neuer Abschnitt beginnt. Ein Löwenherz schlägt in mir.

Kapitel 12
ZEICHEN

Ich achte immerzu auf Zeichen. Es ist nicht so, dass ich ununterbrochen die Ohren spitze, Ausschau halte oder mich konzentriere auf das, was mir begegnet. Es ist eher ein bewusstes Sein. Ich kann durch einen Wald joggen, ohne die Bäume zu sehen, das Moos auf einer Wurzel zu beachten oder den kleinen glitzernden Stein am Wegrand zu bemerken. Oder ich gehe langsam durch den Wald und sehe all die versteckten kleinen Wunder. Ich lebe mein Leben sehr langsam. Ich habe es bewusst entschleunigt. Die Zeit, die ich für mich habe, nutze ich, um Wunder zu entdecken, wahrzunehmen, aber auch, um Fragen zu stellen an die Natur und mir Antworten geben zu lassen. Ich achte dann darauf, in welche Richtung die Vögel fliegen, ich achte darauf, wenn ich etwas sage, ob danach eine Krähe krächzt (zur Bestätigung), oder ob ich am Weg eine Feder finde (positives Zeichen, steht für fliegen ...) ich achte auf Pflanzen die meinen Weg kreuzen und achte auf Tagesstimmungen. Ich achte darauf, was mir an einem Tag begegnet und ich re-agiere – handle also danach. Zwei gekreuzte Äste die nach meiner Fragestellung auf dem Boden liegen können eine Bestätigung sein. Ein abgebrochener Ast sagt vielleicht: »Das ist der falsche Weg!« so wie eine Blume mir vom Wegesrand zurufen kann: »Das ist GUT!« – einfach weil sie mein Herz erfreut und mich zum Lächeln bringt.

Einige Zeit lang habe ich meine Fragen immer während einer Autofahrt gestellt. Ein Beispiel: Ich war mir nicht sicher, ob ich meine Tochter gegen Röteln impfen lassen sollte. Ich bat also um ein eindeutiges Zeichen auf der Fahrt von einem Einkauf in der Stadt nach Hause. Ich dachte so bei mir, wenn kein Zeichen kommt, dann werde ich sie am selben Tag noch impfen lassen. Ich fuhr also los und übersah dabei ein STOPP-Schild. Ein Polizist hielt mich auf und fragte: »Na, kennen Sie kein STOPP?« Das war ein ziemlich eindeutiges Zeichen, das mich 30 Euro kostete. Ein anderes Mal hatte ich von einem Curandero eine Körperübung gezeigt bekommen, die ich nicht weitergeben sollte. Ich war auf dem Weg zu einer Freundin die Multiple Sklerose hatte und ich wusste, dass diese Übung ihr gut tun würde, haderte aber mit meinem Versprechen, die Übung nicht weiterzugeben. Ich bat also wieder um ein Zeichen, ob ich dieser Freundin diese Übung zeigen dürfe oder nicht. Ich bat um ein eindeutiges Zeichen und wieder hielt mich die Polizei auf, ich musste Strafe zahlen, weil ich zu schnell gefahren war. Von da an bat ich um KOSTENLOSE Zeichen die nichts mit der Polizei zu tun haben! Es ging darum, genauer zu formulieren, welche Art von Zeichen ich möchte.

Auch eine Krankheit ist natürlich ein Zeichen. Der Körper gibt ein Zeichen wenn er keinen anderen Ausweg mehr sieht. Mir ist zwar bewusst, dass alles, was der Körper »außergewöhnlich« hervorbringt ein Energieaufwand ist, den er nicht betreiben würde, wenn es nicht wichtig wäre (der Mensch an sich ist ja wie eine Energiesparlampe, die nur das macht, was unbedingt nötig ist, aber normalerweise nichts darüber hinaus), – aber als Warzenwenderin habe ich auch gelernt, Gedanken so zu lenken, dass ich mir nur erschaffe, was ich haben will – und darum beschäftige ich mich weniger mit der Entstehung, als mit der dauerhaften Beseitigung von Warzen.

Ich will keine Warzen, darum bete ich sie weg. Ich bemerke das Zeichen des Körpers, überlege kurz, was er mir damit sagen will und kümmere mich dann darum, das Zeichen zu entfernen. Ich brauche es ja nicht mehr, weil ich dann weiß, was von mir gefordert oder erwartet wird bzw. was ich anders machen sollte. Im Zweifelsfalle gehe ich in einer schamanischen Reise zum Ursprung der Krankheit oder der Warze und befrage das »Wesen der Krankheit« was es mir sagen möchte bzw. was fehlt oder was zu viel ist. Denn meistens ist so ein Zeichen eine Aufforderung, ein »Zuviel« zu entfernen oder ein »Zuwenig« aufzufüllen. Bei einer schamanischen Reise zu einer Warze, sah ich das Wesen der Warze einmal als kleines Kind, das zu mir sagte: »Beschäftige dich mit deinem Körper! Schau mich an! Beachte mich!« Es kann also sein, dass eine Warze einfach nur sagen möchte, dass man sich zu wenig um seinen Körper gekümmert hat. Sobald einem das bewusst ist, verschwindet die Warze manchmal von selbst. Das Zeichen ist dann nicht mehr notwendig. Genauso ist es aber auch mit allen anderen Zeichen die der Körper sendet. Und man kann diese Zeichen auf drei Arten ansehen. Von außen (mit Medikamenten, Operationen, Arzneimitteln usw.), von innen (schamanische Reisen zum Ursprung, innerliches Lösen, usw.) und von BEIDEN Seiten. Also hingehen, den Ursprung ansehen und dann an der Lösung arbeiten, was wiederum durch beten, bitten, besprechen usw. erfolgen kann, oder äußerlich durch Medikamente oder Operationen. Als

Wenderin bewege ich mich immer zwischen den äußeren und den inneren Welten. Deshalb wurden in alten Zeiten Frauen die in beiden Welten lebten auch »Hagazussas« (Zaunreiterinnen) genannt. Sie waren nicht da und nicht dort, sondern an der Grenze, am Zaun, zwischen den Welten unterwegs. Sie sahen beide Seiten, den Ursprung und das sichtbare körperliche Zeichen – und sie arbeiteten auch auf beiden Seiten, von außen und von innen, um Krankheiten zu entfernen, zu lösen, abzuwenden.

Es gibt eine schamanische Übung, die sich »Erschaffung des Seelenhauses« nennt. Diese Übung befasst sich mit einem inneren Haus, das wir uns gestalten können, wie es uns gefällt. Wir richten uns Räume ein, wir laden unsere Ahnen ein darin zu kochen und einzuheizen, wir schauen, ob es aus Holz oder Stein ist, ob es an einem See steht oder mitten im Wald steht und jedes einzelne Merkmal des Hauses erzählt etwas über die Beschaffenheit unserer Seele. Aber auch das Haus in dem wir leben, erzählt etwas über uns. Oder auch die Wohnung. Unser Lebensraum zeigt, wie es in uns aussieht – spiegelverkehrt. Gibt es Ecken die tabu sind? In denen es schimmelt oder in denen sich Schmutz oder dreckige Wäsche sammelt? Leichen im Keller? Wo sind die Räume in denen wir uns wohl fühlen? Der Lebensraum kann als »Altar der Seele« bezeichnet werden. Verändern wir in unserem Umfeld etwas, verändert sich auch in uns etwas – und umgekehrt.

So wie eine Mesa (Altar/Gabentisch) aufgebaut wird, um die unsichtbare Geistwelt darzustellen und alles auf dieser Mesa symbolisch für einen Teil der Geistwelt steht. So wie auf einer Mesa jedes Ding seinen Platz hat und eine Veränderung gleichzeitig eine Veränderung in der anderen Welt bedeutet, so können wir auch unseren Wohnraum als eine Mesa sehen, die wir verändern können. Wir können uns hier eine Wohlfühl-Oase schaffen, die auch unser Innerstes erreichen wird, wenn wir darin leben.

Kapitel 13

SEI EIN BAUM!

Wer starke Wurzeln hat, der kann einen kräftigen Stamm bilden, der allen Winden trotzt und kann auch Äste wachsen lassen, um nach den Sternen zu greifen. Sei wie ein Baum, fest verwurzelt mit der Erde, mit der Familie, den Ahnen. Vergleiche dich nicht mit anderen Bäumen. Kein Baum ist schöner oder hässlicher als ein anderer Baum. Jeder Baum ist anders. Bäume denken nicht darüber nach, wohin sie wachsen. Sie passen sich den Gegebenheiten an und sind frei, breiten sich aus wo sie können und nehmen immer den leichteren Weg. Bäume sind unsere Geschwister die uns begleiten, trösten, die sich an unsere Kindheit erinnern können und die uns Kraft geben. Schneide niemals einen Baum gedankenlos um. Bäume geben uns Wurzeln. Ein Schnitt in einen Baum ist ein Schnitt in die eigenen Wurzeln, in die eigene Kraft. Wir sägen sozusagen am eigenen Ast, wenn wir einen Baum gedankenlos töten. Bäume kommunizieren durch Bilder, die sich in unsere Gedanken schleichen wenn wir uns Zeit nehmen, uns hinsetzen und an den Stamm lehnen. Bäume erzählen Geschichten die hunderte Jahre zurückliegen. Sie vergessen nichts. Wir können diese Geschichten erfahren, wenn wir wollen. Einfache Meditationsübungen helfen uns, stark wie ein Baum zu werden.

Hier eine kleine Körperübung:

Lehne dich mit dem Rücken an einen dicken Baum. Schließe die Augen und spüre den Baum hinter dir, wie er dich umfängt und hält, wie seine Äste dich schützen. Bitte den Baum darum, selbst Baum sein zu dürfen. Gehe in Gedanken durch deine Füße in den Erdboden hinein, lasse dir selbst gedanklich aus den Zehen Wurzeln wachsen, gehe immer tiefer in die Erde hinunter, so tief, bis du den Erdkern erreichst, eine leuchtende Kugel aus weißem Licht. Ziehe nun in Gedanken das Licht durch deine Zehen, deine Wurzeln, deine Füße hinauf in deinen Körper, spüre, wie dieses kraftvolle Weiß durch deinen Körper fließt, durch die Beine, die Hüfte, den Bauch, die Brust und die Arme, den Kopf und über den Kopf hinaus. Lass Äste aus deinem Kopf und aus den nach oben gestreckten Armen wachsen, hinauf in den Himmel, gefüllt mit dem Licht des Erdkerns und berühre mit deinen Fingerspitzen den Himmel. Lasse dieses Licht eine Weile durch deinen ganzen Körper fließen. Ziehe wenn du genug hast die Finger zurück, die Äste zurück, das Licht zurück in den Körper, lass das Licht zurückfließen in den Boden, hole deine Wurzeln zurück, bis du wieder ganz du selbst bist. Bedanke dich danach bei deinem Baum. Vielleicht hast du ein kleines Geschenk für ihn. Eine Nuss oder eine Feder, etwas Tabak oder etwas Milch.

Kapitel 14
WAHRE GESCHICHTEN ÜBER'S ZAUBERN, FLUCHEN UND HEXEN

Wie die Reitbäuerin die Frösche rief
Die Reitbäuerin in der Lassing hat einmal am Faschingsdienstag Krapfen gebacken, obwohl sie gar keine Sau ge-
schlachtet hat und somit auch kein Schweinsschmalz
zum Krapfenbacken haben konnte. Da wurden die Leute im Dorf neugierig, wie sie Krapfen backen konnte ohne
Schmalz, und so haben sie sie heimlich beobachtet. Und als
sie so durch ihr Küchenfenster schauten, da sahen sie die
Reitbäuerin beim Tischherd stehen, sie hielt die Hände seitlich vom Körper und bewegte alle 10 Finger auf und ab und
sagte dazu: »Kemmts olle, kemmts olle ...« – und plötzlich
kamen aus allen Richtungen kleine Frösche und setzten sich
rund um den Topf und spuckten hinein, bis er voll war.
Und darin hat die Reitbäuerin die Krapfen gebacken.

Der Lassing-Bauer
Einmal trug es sich zu, dass das Mostbauern-Häusl in Lassing brannte.

Das Feuer war im Stadel ausgebrochen und die Flammen
griffen schließlich auf das Wohnhaus über, welches ebenfalls
zu brennen begann.

Im Nachbarhaus des Mostbauern-Häusl's waren zu der
Zeit damals viele Holzknechte untergebracht, die dort im
Sommer ihr Quartier bezogen.

Die Holzknechte erzählten später, dass sie den Lassing-Bauern – ebenfalls ein großer Bauer in diesem Dorf – gesehen hätten, wie er den Weg hinter dem Mostbauern-Häusl runter ging zum Haus, so wie man ihn damals kannte – mit schwarzer Hose und weißem Hemd, und in die Hemdtasche auf der linken Seite hatte er seinen Stock eingehängt, und in die Brusttasche auf der rechten Seite hatte er den Daumen eingehakt.

Die Holzknechte schauten, wie er hinter dem Mostbauern-Häusl stehen blieb, seinen Stock in die Erde stieß, und mit beiden Händen eine Bewegung vor dem Körper machte, die wohl so viel bedeutete wie: »Jetzt ist Schluss!« Danach machte er ein Kreuz in die Luft und sagte: »Bua, is eh scho gnua!« Und da hörte es auf zu brennen. Später ging das Gerücht, dass der Lassing-Bauer gezaubert hätte, der wäre nämlich auf die alte Mostbäurin scharf gewesen, und weil er sie nicht bekommen hat, hat er das Haus in Brand gesetzt und als es ordentlich brannte, den Brand mit seinem Zauber wieder abgebrochen. Das Mostbauern-Häusl hat noch öfter gebrannt, aber wie es nun wirklich war, das wissen nur die Geister.

Das Kälbchen »Glocke«

In einem Bauernhaus in Ybbsitz trug es sich einmal zu, dass ein kleines Kälbchen namens »Glocke« sich recht schwer dabei tat, auf die Welt zu kommen. Die Bauern bemühten sich und halfen dem Kälbchen so gut es ging und dachten schon, es wäre über'm Berg und würde überleben, als die Altbäuerin des Hauses starb. Am selben Tag rief eine andere Bäuerin auf dem Bauernhof an und fragte nach der verstorbenen Altbäuerin, als sie im Hintergrund die Totenglocke

Das Mostbauernhäusl in der Lassing

läuten hörte. Im selben Moment soll das Kälbchen »Glocke« im Stall gestorben sein.

Das mysteriöse Kälbersterben

Als dem Kupferbauer vom Hause Blachl in der Lassing einmal mehrere Jahre hintereinander alle Kälber auf mysteriöse Weise starben, da wurde alles ausprobiert, der Stall wurde sogar mit Kalk ausgewaschen, die Kälber in einen anderen Stall gebracht usw., aber die Kälber starben trotzdem. Eines Nachts hörte der Kupferbauer ein Geräusch im Stall und als er in den Stall kam, stand da der Lassingbauer neben einem Kalb. Der Lassingbauer war bekannt dafür, dass er alleine mit seiner Kraft Menschen verfluchen konnte, die er nicht mochte und auch wegen Hexerei war er bekannt. Als der Kupferbauer ihn in seinem Stall stehen sah, da wusste er gleich, dass der Lassingbauer am Kälbersterben schuld war und er drohte ihm, wenn er ihn noch einmal auf seinem Grund und Boden zu sehen bekäme, dann würde er ihm sein Haus niederbrennen. Die beiden haben danach nie wieder ein Wort gewechselt.

Die böse Tante

Als meine Großmutter früher noch ein junges Ding war, da hatte sie nicht nur die Mutter zu pflegen, die zu der Zeit schon krank und schwach war (sie starb mit 48 an Gebärmutterkrebs) sondern auch die zwölf Geschwister.

Meine Oma wurde also eine richtige Ziehmutter für die vielen Geschwister und ist auch heute noch wie eine »Mama« für sie.

Ihr Vater war zu der Zeit nicht ganz zurechnungsfähig, weil er viel getrunken hat.

Eines Tages kam die böse Tante zu Besuch (die Schwester des Vaters).

Die begann über die sterbende Mutter zu schimpfen und wollte schlimme Dinge über sie erzählen, und nannte meine Oma eine Zigeunerin – was damals als Schimpfwort üblich war, und meinte, dass ja die Mutter auch eine Zigeunerin gewesen sei, und dass meine Oma immer das Haus voller Männer hätte – was erstens nicht gestimmt hat, und zweitens – selbst wenn es so gewesen wäre – die Tante nicht zu interessieren gehabt hätte.

Meine Oma hat sich damals so sehr geärgert über die bösen Worte dieser Frau, dass sie einen Moment lang schwieg, und dann ganz tief aus ihrem Herzen sagte: »Wenn es einen Herrgott gibt, dann wird er Dich für Deine Bosheit bestrafen, dass es rechtschaffen ist!«

Die böse Tante erblindete kurz darauf und lebte noch 20 Jahre blind, bevor sie starb.

Die Drud oder der Alb

Die Drud (eine eher als weiblich beschriebene Figur) oder der »Alp/Alb« (eine eher männliche Figur) kommt in der Nacht und setzt sich auf deine Brust und drückt. Albdrücken oder Alpdrücken sagen die Alten dazu. Man hat dann Atemnot, Alpträume und ein beklemmendes Gefühl auf der Brust. Viele haben es so erlebt, dass ein schwarzer Schatten am Boden daherkam oder ein »schwarzer Wuz'l« im Zimmer stand und sich auf die Brust setzte. Gegen die Drud gab es vielerlei Schutzmethoden: Eines der bekanntesten Schutzsymbole war der fünfzackige Stern, der »Drudenfuß« genannt wurde und sich geschnitzt in Deckenbalken oder auf den Wiegen der Kinder, auf Türen und Bettwänden, usw. wiederfand, aber auch aus Wachs gegossen wurde oder aus Zweigen gesteckt und an die Stalltür oder die Haustür gehängt, oder mit weißer Kreide über die Türstöcke gemalt wurde, am besten in einem Zug und sehr gerade, weil die Drud nur gerade Linien gelten ließ, während die schlampigen Linien ihr nichts anhaben konnten. Aber es sollte auch helfen, der Drud zu sagen: » … komm morgen, ich leih dir was!« und dazu solle man irgendeinen Gegenstand nennen, den man der Drud angeblich leiht. Daraufhin kommt die Drud am nächsten Tag wieder, aber bei Tageslicht stellt sie keine Gefahr mehr dar und so ist der Zauber gebannt. Die beste aller Nächte, um die Drud oder den Alb zu vertreiben war allerdings die Luzianacht, weil es die längste Nacht im Jahr war (im alten Kalender die Nacht auf den 23. Dezember) und der Tag nicht wusste, ob er ab nun länger oder kürzer werden wird. In dieser Nacht sollte man zur heiligen Luzie beten:

vor'n drudndrucka, vor hexnhaxn,
teuflsbraten, zauberfaxn,
beschütz mi du, heilige luzie,
bis i morgn fruah aufsteh.

Die Leute hatten früher so eine panische Angst vor der Drud, dass sie sogar daran glaubten alleine der kalte Atem der Drud der durch eine Ritze oder ein Schlüsselloch in den Stall wehte, könne das ganze Vieh töten. Zum Schutz wurde das Wachs von Kerzen, die zu Lichtmess geweiht worden waren, zu Pentagrammen umgearbeitet und an die Stalltüren gehängt. Angeblich nahm die Drud, wenn sie an den Menschen nichts bewirken konnte, nämlich auch mit Schweinen vorlieb, das erkannte man daran, wenn morgens die Schweine röchelten, als würden sie Junge säugen und ihre Zitzen nass waren.

Auch Drudmesser sollten helfen, kleine Messer mit geschmiedeter sichelförmiger Klinge, in die 9 oder 15 kleine Mondsicheln geschmiedet waren. Symbolisch steht die 15 für den Vollmond, im jüdischen Thalmud zum Beispiel steht geschrieben: »Der Mond fängt am ersten Nisan an zu leuchten. Er leuchtet bis zum 15. Dann ist seine Scheibe voll geworden. Vom 15. bis zum 30. nimmt das Licht wieder ab.« Die Neun wurde ebenfalls als »heilige Zahl« beschrieben, angeblich konnte man mit neun Eschenzweigen und neun Kastanien Krankheiten abwenden. Die Zahl Neun ist auch aus Sicht der Numerologie eine besondere Zahl, weil nach ihr nur noch die NULL kommt und danach alle anderen Zahlen wieder mit den Zahlen von 1-9 beschrieben werden. Also sie ist die höchste Zahl vor der Vollendung (der Null, die den Kreis schließt).

Das Drudmesser wurde ans Bettgestell gehängt, damit sich die Drud schneidet wenn sie des Nachts kommt und den Menschen daraufhin in Ruhe lasse. Im südlichen Burgenland wird die Drud als fledermausartiges Wesen beschrieben, das in mondhellen Nächten ihr Unwesen treibt, sich auf die Tiere im Stall setzen soll und diese verhext, sodass die Kühe keine Milch mehr geben oder keine Kälber mehr geboren werden können. Sieht sie aber das Pentagramm, dann traut sie sich nicht in den Stall. Auch drei rote Kreuze ins Nachtgewand genäht sollten gegen die Drud und das Alpdrücken helfen, sowie ein kleiner schwarzer Lochstein, der natürlich entstanden ist.

Kapitel 15
BAUMPECHSALBE UND BOANDLRICHTSCHMIER

Der Begriff »Bader« oder auch »Pflastermacher oder Salbenmacher« bezeichnet eine Art Wender, der sich hauptsächlich mit dem Anrühren von Salben aller Art beschäftigte, die bei Wunden, Schmerzen und Verletzungen angewendet wurden. So mancher Wender hat selbst angerührte Salben zu Hause, die gegen allerlei Beschwerden helfen sollen. Die Boandlrichtschmier zum Beispiel. »Boandlrichten« bedeutet so viel wie »Knochen einrenken« und die Salbe wird so genannt, weil sie bei allen Problemen, die mit den Knochen zu tun haben, helfen soll. Aber auch bei Gelenksbeschwerden und Rückenschmerzen wird sie eingesetzt. Sie beinhaltet Baumpech, also reines Harz von Bäumen, vorzugsweise Fichten und Föhren. Neben der Boandlrichtschmier stellt so mancher Wender gerne auch Baumpechsalbe her, die aus Bienenwachs, Baumpech und Schweinsschmalz gemacht wird. Sie hilft gegen Furunkel und zum Eröffnen von eitrigen Abszessen, wird aber auch beim Vieh verwendet, bei Hufbettentzündungen und hilft bei allen kleineren Wunden.

Der Geruch nach Baumpech ist mir heute noch gut in Erinnerung, da mein Großvater Holzknecht war und immer nach Baumpech gerochen hat. Später habe ich das Baumpech gesammelt, um es trocknen zu lassen und damit zu räuchern. Baumpech verbindet mit der Erde, es erinnert den Menschen daran, dass er Natur ist. Üblicherweise wird für

diese Salben kein Geld verlangt, da sie einem alten Volksglauben nach nur dann ihre ganze Wirkung entfalten können, wenn sie verschenkt werden!

Rezept Boandlrichtschmier:
2 Teile Baumpech (Lärchenpech)
1 Teil Schweinsfett
1 Teil Bienenwachs
Hilft bei allen Leiden die mit den Knochen zu tun haben.

Rezept Baumpechsalbe:
Schweinsfett
Lärchenpech
Johanniskrautöl
Bienenhonig
Bienenwachs
zu gleichen Teilen

Schweinsfett mit Lärchenpech auskochen und abseihen, Bienenwachs zugeben und während des Abkühlens Honig und Johanniskrautöl einrühren.

Die Pechsalbe ist eine gute Wund- und Heilsalbe, hilft bei der Eröffnung von Eitergeschwüren und Furunkeln, sowie Abszessen, hat eine starke antiseptische Wirkung und wird auch fürs Vieh genommen, bei Geschwüren und Hufverletzungen.

Kapitel 16
DER KRANKENFREITAG

Der Krankenfreitag ist der erste Freitag im Monat, an dem Neumond ist. An diesem Tag soll es besonders wirksam sein, Warzen, Krankheiten und andere Probleme abzuwenden. Die Bauern sagten früher zum Neumond auch »kranker Mond«, vielleicht kommt daher der Ausdruck für diesen Tag. Auf jeden Fall soll an diesem Krankenfreitag das Wenden besonders gut helfen, die Gebete besonders gut wirken und überhaupt alle Arten von Heilung gut »anschlagen.« Wenn der Wender am Krankenfreitag die Warzen mit Schöllkraut bestreicht, dann fallen sie sicher ab. Tipp: Bei allem, was an einem Krankenfreitag angepackt wird, hält die Wirkung länger an!!

Das »Berufkraut« und das Warzenkraut

Abgeleitet vom Begriff: »A'ruafa« (Abrufer oder Abberufer) wird der Name »Berufkraut« der in der Botanik bekannt ist für verschiedenste Korbblütler. Man verwendet diese zum »Ab-rufen« von durch Hexerei entstandenen Krankheiten oder Unheil. Als Berufskraut werden viele Arten bezeichnet – darunter auch das Gänseblümchen, das heute noch den Kindern zum Kranz geflochten auf den Kopf gelegt oder zur Kette geflochten um den Hals gehängt wird. Das Gänseblümchen ist überhaupt eine typische Kinderpflanze, die als Tee zubereitet guten Schlaf gewährt oder als Tinktur gegen kleinere Blessuren hilft. Auch in der mexikanischen Curandero-Tradition (Curandero bedeutet nichts anderes als

Heiler) haben sich Kräuterbüschel im Kampf gegen Neider, Hexerei oder Flucherei, oder energetische Anhaftungen aller Art bewährt. Der Curandero schlägt mit den Kräuterbüscheln den Klienten von Kopf bis Fuß ab und dabei wird mit Hilfe der Mutter Erde und des Vater Himmels und mit Hilfe von Gebeten und Sprüchen gereinigt, geheilt, durchgeputzt. Kräuter und Pflanzen, Bäume und Steine sind Helfer die uns Mutter Erde bereit stellt und die uns helfen, wenn wir sie darum bitten. Schöllkraut (Chelidonium majus), auch »Warzenkraut« genannt, soll besonders gut gegen Warzen helfen und oft wird mit einem Holzstäbchen oder mit einem Strohhalm der orangefarbene Saft des Schöllkrautes auf die Warze gestrichen.

Froasenkette (Fraisenkette)

Kindern wurde bis hinein ins 19. Jahrhundert noch als Schutz gegen die »Froasn« (krampfartige Anfälle, Fallsucht, Besessenheit, epileptische Anfälle/Zuckungen usw.) eine sogenannte »Froasnkette« um den Hals gehängt. Diese Kette hatte viele talismanartige Anhänger, darunter Knochen, Wirbel von Ringelnatter oder Kreuzotter, Zähne oder auch Heiligenmedaillons der Dreifaltigkeit eingebettet in Ton (Froasnstein genannt), Schutzbriefe, Schweinsknochen, Tierhaare, Penisknochen von Mardern usw. Oft waren die verschiedenen Segenszeichen und Anhänger auf ein rotes Band gereiht. Eine andere Bezeichnung für die Froasn war auch »Höllenfeuer« oder »Antoniusfeuer«, weil die Leute oft meinten, von innen zu verbrennen. Im Mittelalter war diese Krankheit tödlich und es wurde deshalb zum heiligen Antonius gebetet, wenn jemand von dieser Krankheit befallen war. Kindern wurde auch eine sogenannte Fraisenhaube auf

den Kopf gesetzt, mit Abbildungen von Heiligen, um sie zu schützen. Dazu wurde gebetet: »*Im Namen des Vaters und des Sohnes und des hl. Geistes, Amen. Das wollte Gott der Herr Jesu Christi heute, dass ich alle 77 Freis töten möge. Ich töte durch große Macht und den hl. Namen Jesu alle 77 Freis, die kalte Freis, die fallende Freis, die reißende Freis, rote Freis, abdörrende Freis, spritzende, zitternde Freis, abbrennende Freis, stille Freis, schreiende Freis, wütende Freis, geschwollene Freis, gestoßene Freis. Ich wende dirs (Name des Erkrankten) durch Gott den Herrn und seine hl. fünf Wunden; Ich wende dirs (Name des Erkrankten) durch sein hl. Evangelium. Im Namen des Vaters und des Sohnes und des hl. Geistes Amen.*« (Aus dem Fraisenbrief, Straßburg, 18. Jahrhundert)

Stallbet'n

Abgeleitet von der Fraisenkette für Menschen gab es aber auch die »Stallbet'n«, das war ebenfalls eine Art von Fraisenkette allerdings für das Vieh im Stall und so befanden sich darauf auch Hufnägel, Tierhaare, Tierzähne, und andere Elemente, die mit dem Schutz von Tieren zu tun hatten, sowie Hagebutten und andere Kräuter und Beeren. Auch Eisen-Elemente waren sowohl bei Fraisenketten als auch bei Stallbet'n gern gesehen, da das Eisen mit Feuer geschmiedet wurde und ihm deshalb starke Zauberkraft nachgesagt wurde. Auch hierzu findet sich eine original Stallbet'n aus dem frühen 18. Jahrhundert im Mostviertler Bauernmuseum bei Ardagger.

◀ **Fotos links:** Hier eine sehr kraftvolle und ungewöhnliche Fraisenkette aus Österreich, im Besitz eines Wenders. Diese Kette ist etwa 82 Zentimeter lang und enthält neben Tierteilen (Zähnen, Haaren, Knochen und Knorpeln) auch Schutzmedaillons und Münzen, Pflanzenstücke, Muscheln und Holzperlen sowie eine Kröte aus Holz und einen Jesus am Knochenkreuz. Vermutlich wurde diese Kette an die Wand gehängt oder ans Bett.

Fraßbrief.

So ein Kind oder alter Mensch die Fraiß hat.

Jn dem Namen Gott des Vaters, und des Sohns, und des heiligen Geistes, Amen. Das r.... Gott der Herr Jesus Christus heut auf diesen Tag, auf daß ich alle Sieben und Siebenzig Fraiß tödten möge! Jch tödte es durch Gottes grosse Macht, ich tödte es durch den H. Namen Jesu Christi alle siebenzig Fraiß, reissende Fraiß, rothe Fraiß, abdörrende Fraß, zitterende Fraß, kalte Fraiß, fallende Fraiß, abrennende Fraß, schreiende Fraß, stille Fraiß, schreyende Fraß, wütende Fraiß, geschwollene Fraiß, gestossene Fraiß, ich wende dirs N. durch Gott den Herrn Jesu Christi, und durch sein H. fünf Wunden, ich wende dirs N. durch sein H. Sakrament, ich wende dirs N. durch sein H. Evangelium, ich wende dirs N. durch Gott unsern Herrn Jesu Christi seine H. Hände und Füssen, ich wende dirs N. durch sein H. Porten des Himmels aus der Gnade Gottes Geschöpf, durch den lieben Namen Jesu Christi: daß ich euch verbiet alle sieben und siebenzig Fraiß, ich wende dirs N. über alle Berg und tiefe Thal, und durch fliessende Wasser ab, auf daß der Leib ruhen und rasten mag bis auf den jüngsten Tag, darinn unser lieber Herr Jesu Christ kommen wird, und auferwecken die Lebendigen und Todten, durch den Verdienst, da er sein H. Haupt geneigt, und seinem himmlischen Vater aufgeben, das hülf dir N. Gott der Vater, der dich erschaffen hat, und Gott der Sohn, der dich erlöset hat, und Gott der heilige Geist, der dich in der heiligen Tauf geheiliget hat, Amen.

Jesus, Maria, Joseph, mein bitt laßt mich euer Pflegkind seyn, ewig ganz euer seyn will ich, ganz eigen euch befehl ich mich Jesus, Maria, Joseph.

Jhr seyn mein Trost und Zuversicht, in allem was mir immer geschieht, darum ich euch demüthig bitt, im Leben und Tod verlaßt mich nicht, Jesus, Maria, Joseph.

Jhr wißt, daß ich ganz euer bin nicht kommt ihr aus mein Herz, noch Sinn, bewahret wohl was euer ist, daß nicht entführt des Teufelslist, Jesu, Maria, Joseph.

Ohn euch ich wie nichts lange an, ohn euch ich nichts verbringen kan, steht mir bey in jedem Werk mit euer Güte, Weisheit Stärke Jesus, Maria Joseph.

O mir liebste und letzte Wort, schließt mir auf des Himmelspfort, weil ich nun ganz Euer bin, zu euch in Himmel nihmt mich hin, Jesus, Maria, Joseph.

Verzeihung meiner Sünden erwerbt, daß ich in Gottes Gnaden sterb, in eure Händ befehl ich mich, mit euch ob ich Gott ewiglich, Jesus, Maria Joseph.

Gelobt allzeit und gebenedeyt, ihr meine drey herzliebste seyd, der heiligsten Dreyfaltigkeit, sey Dank, Ehr Preiß in Ewigkeit, Jesus, Maria, Joseph.

Also soll man den Brief über den kranken Menschen, der die Fraiß hat (dreymal lesen) und nennet den Menschen bey dem Namen, wo das N. stehet, und darnach soll man den Brief auf den kranken Menschen auf die Brust legen, bis sich thut ändern zum Leben oder zum Sterben. Und die Leut die bey den Menschen seyn, sollen niederknyen, und 7 Vater unser, und 7 Ave Maria, und einen Glauben mit Andacht betten, zu Ehren des bitteren Leiden und Sterben unsers lieben Herrn Jesu Christi, auf daß ihn Gott von seiner Pein und Marter erledige, es sey zum Leben oder Sterben, o Jesu, Amen.

Gedruckt zu Straßburg bei Peter Butz

Fraisenbrief, Straßburg, 18. Jahrhundert

Fraisenstein

Manche Fraisenketten enthielten einen sogenannten Fraisenstein. Gemeint ist damit ein besonderes Amulett aus Ton, das man auch am Sonntagberg (Wallfahrtsort und Kirche) früher verkauft hat. Die Geschichte zu diesem Fraisenstein entstand angeblich dadurch, dass ein Schäfer seine Schafe die er auf den Sonntagberg treiben wollte verloren hatte, sich dann erschöpft auf einen Stein setzte und dort einschlief. Im Traum sagte ihm Gott wo seine verlorenen Schafe zu finden seien und als er aufwachte und an der Stelle suchte, fand er diese wirklich. Daraufhin brach er ein Stück von dem Stein auf dem er diesen Traum hatte ab und nahm es mit und erzählte den Leuten davon. Immer mehr Leute gingen daraufhin zu besagtem Stein und brachen Teile davon herunter, und bröselten den Sand des Steines in Babynahrung, ins Essen und ins Brot, um dessen Wirkung zu sich zu nehmen. Als schon riesige Felsbrocken abgebaut waren, kam die Kirche auf die Idee, Sand vom restlichen Felsen in Tonmedaillons zu bröseln, einen Stempel der Dreifaltigkeit in den Ton zu drücken und dieses als Medaillon zu verkaufen. Einige solche Exponate kann man sich im Mostviertler Bauernmuseum bei Ardagger ansehen, wo es auch ein Stück vom Originalstein sowie mehrere Fraisenketten und andere interessante Objekte zu diesem Thema zu besichtigen gibt.

Haussegen

Verschiedenste Haussegen und Sprüche waren oft über der Tür ins Holz des Türstocks geschnitzt. Hier einige Beispiele:

»Wenn dieses Haus so lang nur steht,
bis aller Neid und Hass vergeht,
dann bleibt's fürwahr so lange stehn,
bis die Welt wird untergehn.«

Haussegen 1891:
»An Gottes Segen ist alles gelegen.«

»St. Leonhard, St. Florian, euch trau
ich meine Habe an, beschützt mir Haus
und Stall und Scheuer,
vor Krankheit und vor bösem Feuer.

St. Georg und St. Isidor, euch leg ich meine
Arbeit vor, ihr bittet unsern Herrn und Gott
um Schutz vor Schauer, Krieg und Not.«

*

»Wo Glaube, da Liebe, wo Liebe,
da Frieden, wo Frieden, da Segen,
wo Segen, da Gott,
wo Gott da ist keine Noth.«

*

Haussegen (1907)
»Vertrau auf Gott
Er hilft in der Noth!
Ist Gott im Haus,
zieht Unglück aus.«

Die vierzehn Nothelfer

Die vierzehn Nothelfer sind allesamt Christen, die als Märtyrer gestorben sind und werden gerne von den Wendern zu bestimmten Leiden oder Krankheiten angerufen und um Hilfe gebeten, auch wenn nicht alle Wender Christen sind! Das Wenden hat also nicht unbedingt mit christlichen Ansichten zu tun, die Heiligen werden aber trotzdem gerne »genützt«. (Viel hilft viel!) Die Reihung der vierzehn Nothelfer erfolgte etwa um 1400 und schon im Spätmittelalter wurden viele dieser Heiligen verehrt und Kirchen wurden ihnen geweiht. Jeder Nothelfer hat eine spezielle Geschichte, durch die er mit speziellen Krankheiten/Leiden/Schmerzen in Verbindung gebracht wird.

So ist **ACHATIUS** zum Beispiel ein Heiliger, der bei Todesangst helfen soll, **ÄGIDIUS** ist der Patron der stillenden Mütter und Helfer bei der Beichte, die heilige **BARBARA** gilt als Helferin gegen Blitz und Feuergefahr, ist aber auch Schutzpatronin der Bergleute und Patronin der Sterbenden. Am Barbaratag (4. Dezember) soll man Kirschzweige in eine Vase stellen (Barbarazweigerl) und an jeden Zweig einen Zettel hängen, mit dem Namen einer Person aus der Familie. Wessen Zweig als erster zu blühen beginnt, der hat das meiste Glück im neuen Jahr. Der heilige **BLASIUS**, der Beschützer des Viehs, Patron zahlreicher Handwerksberufe und Helfer bei Geschwüren, Pest und allen Halsleiden, wird in den Kirchen am »Blasiustag« (3. Februar) gerufen und man wird »eingeblasl't« indem der Pfarrer zwei gekreuzte weiße Kerzen an den Hals des Gläubigen hält und dazu den Segen: »Durch die Fürbitte des heiligen Bischofs und Märtyrers Blasius wollte dich Gott befreien von jeglichem

Übel des Halses, im Namen des Vaters ...« spricht. Auch in modernen Zeiten haben Autofahrer eine Silbermedaille mit dem heiligen **CHRISTOPHORUS** in ihren Autos, da er vor unvorbereitetem Tod helfen soll und als Schutzheiliger für Reisende gilt. **CYRIACUS** ist der Helfer in der Todesstunde und hilft gegen Anfechtungen. **DYONYSIUS** gilt als Helfer bei Kopfschmerzen, Tollwut, Gewissensunruhe und Seelenleiden. **ERASMUS** ist der Helfer den man bei Körperschmerzen, Krämpfen, Koliken, Unterleibsbeschwerden und bei Magenkrankheiten anruft; er wird auch bei Geburten und bei Krankheiten der Haustiere gerufen. **EUSTACHIUS** ist der Helfer bei schwierigen Lebenslagen und bei Trauerfällen, sowie der Schutzheilige der Jäger. Der heilige **GEORG** gilt als Helfer bei Kriegsgefahren, Fieber und Pest, hilft gegen Versuchung und für gutes Wetter, und ist insgesamt Beschützer der Haustiere. Die heilige **KATHARINA** ist die Beschützerin der Mädchen, Jungfrauen und Ehefrauen, auch Helferin bei Leiden der Zunge und Sprachschwierigkeiten, und Patronin der Gelehrten, sowie auch zahlreicher Handwerksberufe. **MARGARETA** gilt als Patronin der Gebärenden und bei allen Wunden. Um 305 n. Chr. wurde sie unter Diokletian enthauptet; in der Kirchenmalerei wird sie oft mit einem Drachen als Symbol des Teufels, den sie überwunden hat, dargestellt. Der heilige **PANTALEON** ist der Patron der Ärzte und Hebammen. **VITUS** (Veit) gilt als Helfer bei Geisteskrankheiten.

(Quelle: http://de.wikipedia.org/wiki/Vierzehn_Nothelfer)

Volksglauben

Wenn am Gründonnerstag eine Henne ein Ei gelegt hat, dann wurde es an einer Hausecke unter der Regenrinne begraben, das hat das Haus vor Blitzschlag geschützt.

Hat am Karfreitag eine Henne Eier gelegt, dann gab man sie den Frauen zu essen, damit sie Kinder bekommen konnten.

Hat am Karsamstag eine Henne Eier gelegt, gab man diese den Männern zu essen, damit sie fruchtbar blieben.

Palmbuschen wurden nach der Weihe ins Feld gesteckt, das schützte die Ernte vor Hagelschlag.

In den Rauhnächten zwischen dem 24. Dezember und dem 6. Jänner gingen die Buben durch's Dorf und sammelten Kletzenbrot ein. Es hieß, wenn man neun Sorten Kletzenbrot zusammenkriegt, dann findet man eine Frau.

Wenn ein Haus brannte, dann machte ein Zauberkundiger mit der Hand ein Kreuz in der Luft und sagte: »Bua, is eh scho gnua!« – und es hörte sofort auf zu brennen.

Bei den Bauern gab es einen Ausspruch, den sie sagten, wenn etwas passierte: »Bua, Bua, Isidur!« (Junge, Junge, Isidor) Damit war wohl der »heilige Isidor« gemeint, derer gab es aber mehrere und es ist ungewiss, welcher da genau gemeint war.

Der erste Freitag im Monat, wenn Neumond ist, ist der Krankenfreitag. Da kann man zum Warzenwender gehen, an dem Tag wird gewendet.

Unter der Haselnuss-Staude kann man sich bei Gewitter verstecken. Dort schlägt nämlich der Blitz nicht ein, weil die Maria dort Schutz suchte, als sie über die Berge ging.

Damit eine Kuh, die ein Kalb bekommen hat, auch im nächsten Jahr wieder Kälber bekommen konnte, gab man ihr eine »Maulgabe« – dazu wurde Hausessig mit drei Scherzeln Brot und einem Ei vermischt.

Eine Wöchnerin bekam nach der Geburt zur Stärkung Weinschaum als Kraftnahrung, oder man gab ihr Weißbrot mit Marmelade, das mit warmem Most übergossen wurde.

Auf den Hagebutten-Stauden findet man oft eine Art Flechte, die die Bauern früher »in Schlof« (den Schlaf) nannten. Diesen gab man den Kindern unter den Kopfpolster, dann schliefen sie gut.

Getrocknetes Kümmelstroh wurde den Kindern unter ihr Bettchen gelegt, dann hatten sie keine Blähungen.

Husten und Keuchhusten konnte man gut mit abgekochtem Fichtenreisig in das man einige Tropfen Eukalyptusöl gab, bekämpfen. Das Reisig mit dem Öl inhalieren, mehrmals täglich, ein paar Tage hintereinander – angeblich sind damit auch schon Schatten auf der Lunge verschwunden.

Die Knechte hatten von der harten Arbeit auf den Feldern und der schlechten Hygiene oft Abszesse. Dann wurde schwarzes Vollkornbrot gekaut, mit dem Speichel vermischt in eine Schüssel gegeben und mit Honig vermengt. Dieser

»Quatsch« wurde dann auf das Abszess gelegt und die roten Wundränder wurden alsbald weiß und die Wunde verheilte schnell.

Am Faschingsdienstag soll man keine Näharbeit verrichten, nicht Socken flicken, keine Stiche machen! Da soll man nur Krapfen backen aber sich keine Stichwunden zufügen!

Weiße Kerzen die zu Lichtmess (2. Februar) in der Kirche geweiht wurden, galten als Schutz gegen Blitzschlag und wurden bei Gewitter angezündet. Aber auch wenn zu Hause jemand aufgebahrt wurde nach seinem Tod, wurden die weißen Lichtmess-Kerzen angezündet. Zu Lichtmess war auch der einzige Tag an dem man seine Stelle wechseln durfte als Knecht oder Magd. Die Männer bekamen neue Schuhe, die Weiber einen neuen Kittel und sie hatten an diesem Tag frei.

Wetterregel:
Wenns zu Lichtmess stürmt und schneit,
is da Frühling nimmer weit.
Ist es aber klar und hell,
kommt er net so schnell.

Kapitel 18

RAUHNÄCHTE UND PERCHT

Es gibt vier Rauhnächte, wie ein Sprichwort besagt: »**Der Rauhnacht, do san viere, zwoa foaste und zwoa dire!**« (Rauhnächte gibt es vier, zwei dicke/fette und zwei dürre.)

Zu den Rauhnächten zählen: der 21. Dezember (Thomasnacht) der 24. Dezember (Christi Geburt, »Reriglnacht«), der 31. Dezember (Silvester) und der 5. Jänner (Forstrauhnacht vor hl. Dreikönig)

In der Nacht vor dem Heiligendreikönigstag ist die »Perchtnacht«. In dieser Nacht soll laut alter Überlieferung keine Wäsche auf Stühlen hängen, es soll keine Glut im Ofen sein, kein offenes Licht geben, es soll aufgeräumt sein, damit die Perchta keine Unordnung vorfindet und nach dem Abendessen (früher gab es da auf den Bauernhöfen Schweinsbraten zu essen) geht man am besten früh schlafen! Am Abend isst man die »Perchtmilch« – warme Milch in die Semmeln eingebrockt werden. Das was übrig bleibt, wird in einen Teller gegeben, in diesen Teller legt man so viele Löffeln wie Leute im Haus sind. Und am nächsten Morgen schaut man, ob die Percht die Milch getrunken hat – dann ist die Milch weg, wofür meist die Mutter verantwortlich ist, was die Kinder aber nicht wissen –, oder man zieht die Löffel heraus und wer den meisten Rahm auf seinem Löffel hat, der hat das meiste Glück im Jahr.

Wenn die Percht mit ihren »Zottawaschln« (zotteligen, bärtigen, behaarten Gesellen) kommt, dann setzt sie sich

Perchtenmaske der Opponitzer Hammerteufel (Perchtengruppe)

zum Tisch und trinkt die vorbereitete Perchtmilch. Ein besonders neugieriger Knecht versteckte sich einmal hinter dem Tischherd, um zu sehen, ob die Percht wirklich kommt. Als die Percht gerade ihre Milch löffelte, hörte sie ein Geräusch hinter dem Ofen. Da drehte sie sich um und blies in den Ofen, sodass dem Knecht die Asche in die Augen staubte und fortan war er blind.

Am Heiligen Abend, sowie am Altjahrestag (31. Dezember) und am 3. Januar gingen in Österreich die Bauern mit Weihwasser und Räucherpfandln ums Haus und in den Stall, räucherten die Räume aus, bespritzten mit Gerstenkornähren die ins Weihwasser getunkt wurden die Räume und den Stall und beteten dazu das »Vater Unser«. Sie sagten kurze Sprüche wie: »Beschütze unsern Hof« oder im Stall: »Dass'd Viecher wieder guat hoam kumman« und gaben den Kühen Knödel zu essen, die aus Kleie, Palmbuschenstücken und Kräutern bestanden. Geräuchert wurde mit Wacholder, Beifuss und anderen Kräutern.

Votivgaben/Identifikationsopfer

Identifikationsopfer werden als Dankesgaben für geheilte Körperteile oder mit der Bitte um Heilung der entsprechenden Körperteile (Beine, Arme, Augen, Hände usw.) geopfert. Sie sind je nach Möglichkeit ursprünglich aus Wachs, von reicheren Leuten auch aus Holz und wenn jemand einen eisenverarbeitenden Betrieb gehabt hat, manchmal auch aus Metall gefertigt worden. Ein älterer Wallfahrtsbrauch bäuerlicher Art ist es, auch Haustiere – (Pferde, Kühe, Schafe, Hühner usw.) darzustellen und damit um Schutz und Gesundheit zu bitten. Auch Kinderwägen und Säuglinge, Mädchen und Buben sowie Erwachsene werden bildlich dargestellt und als Votivgabe geopfert. Die flammenden Herzen sollen persönliche Hingabe darstellen. Die Votivgaben werden heute noch in Wallfahrtsorten verzinkt und versilbert angeboten, wächsern sind sie kaum noch erhältlich.

Votivgaben aus Maria Zell

Abschleckbilder

Die Kirchen verkauften früher bei uns »Oschleckbüda« also essbare Marienbilder oder die Darstellung der Dreifaltigkeit, in Größe einer Briefmarke, die nicht nur Menschen aßen, sondern auch den Tieren zum Schutz gegeben wurden. Diese essbaren Schutzbilder wurden an Wallfahrtsorten geweiht und dort an die Pilger verkauft. Auf so manchem Flohmarkt oder Antiquitätenmarkt findet man diese Bilder noch:

Abschleckbilder

Kapitel 19
DURCHKRIECHSTEINE

Bei uns im Dorf gibt es mehrere davon. Steine, die einen Spalt haben, sodass man durch diesen hindurchkriechen kann. Sogenannte »Durchkriechsteine«.

Der Volksmund sagt, wenn man mit einer Krankheit durchkriecht, dann nimmt der Stein einem das Leiden. Tatsächlich ausprobiert hat es mein Mann, der mit Kopfschmerzen wandern ging. Als wir am Durchkriechstein vorbeikamen sagte ich ihm, er solle da durchkriechen.

Als er auf der anderen Seite wieder draußen war, fragte ich ihn: »Merkst du was?« Mein Mann wusste nichts über Durchkriechsteine und so schaute er mich fragend an und ich sagte: »Ist der Kopfschmerz weg?« Er fühlte kurz und sagte erstaunt: »Ja, der Schmerz ist weg!«

Danach erst erzählte ich ihm vom Durchkriechstein.

Über die Autorin

Sonja Raab wurde 1975 in Opponitz im Ybbstal geboren und ist auch dort aufgewachsen.

Sie lebte 7 Jahre in Oberösterreich, begegnete auf ihren Reisen nach Kanada und Estland vielen spirituellen Menschen und sammelte das Wissen, um es dann in ihre eigene innere Heimat zu pflanzen und wachsen zu lassen.

2002 kehrte sie dann zurück in ihre Heimat. Heute lebt sie mit ihren drei Kindern und ihrem Mann in der »Villa Raabennest« in Opponitz und ist als Künstlerin, Autorin, Wenderin und Schamanin, sowie als Begründerin des »Schenkraums« bekannt. (Der Schenkraum ist eine Anlaufstelle für etwa 80 Menschen, die in Opponitz als Asylwerber leben und für die sie ehrenamtlich Warenspenden sammelt, lagert und verteilt – wofür sie 2010 von Amnesty International geehrt wurde und 2012 den Woman-Award verliehen bekam.)

Im Internet findet man Sonja Raab unter:
www.raabenweib.de

Sonja Raab mit ihrem jüngsten Sohn Finn-Loris und ihrem Mann Mattias

bin alles, bin nichts
reiche über grenzen hinaus
verwurzelt mit der erde,
nach den sternen greifend,
in meinem herzen verankert
bin baum und stein
mensch und tier
stern und meer zugleich

Phyllida Anam-Áire
Liebe als Weg in ein neues Bewusstsein
ISBN: 978-3-85068-882-6, Format: 13,5 x 21 cm, 336 Seiten, br.

Jede(r) von uns trägt zu der Welt bei, in der wir leben und über die wir uns beklagen. Mit dem Finger auf andere zu zeigen, führt nicht weiter – für Krieg und Konflikte, Hass und Angst, letztlich für den Zusammenbruch unserer Gesellschaft sind wir alle mitverantwortlich. Jetzt ist es an der Zeit zu wählen: Sind wir bereit für eine grundlegend neue Denkweise, die unsere Evolution voranbringt, weg vom überholten Gesetz von Schuld und Sühne? Denn nur so können wir hoffen, Teil einer Veränderung zu werden, in der die heiligen Gesetze des Lebens nicht missachtet werden. Mit ihrer radikalen Philosophie und heilsamen Worten fordert uns Phyllida Anam-Áire heraus, das anzunehmen, was wir wirklich sind: nichts weniger als die Verkörperung göttlichen Bewusstseins. Der Kern ihrer Botschaft ist so einfach wie tiefgreifend: Die wahre Realität ist Liebe.

Ennsthaler *Bücher für ein bewusstes Leben*

Martin Weber
Der Mensch im Gleichgewicht
Gesundheit neu gedacht mit Herz, Logik und Intuition
ISBN 978-3-85068-833-8; Format: 13,5 x 21 cm, 208 Seiten, geb.

Der Bestseller von Ausnahmetherapeut Martin Weber!
Es geht ihm nicht darum, Krankheiten zu bekämpfen, sondern Gesundheit zu erhalten und zu aktivieren. Dazu gehört der ganze Mensch mit seinem Umfeld, seinen Beziehungen, seinen Gedanken und Gefühlen. Webers Botschaft ist für Menschen gedacht, die an wirklicher Heilung interessiert sind, nicht an Symptombekämpfung. Er zeigt auf, dass Medikamente niemals zu wirklicher Heilung führen. Und dass vor allem der Körper nach Verletzungen oder Operationen wie ein sensibles Musikinstrument neu gestimmt werden muss.

Auch als Hörbuch erhältlich:
Martin Weber · Der Mensch imGleichgewicht - Hörbuch
Gesundheit neu gedacht mit Herz, Logik und Intuition
ISBN 978-3-85068-880-2; 7 CDs, Laufzeit ca. 490 min, Booklet

Ennsthaler *Bücher für ein bewusstes Leben*